どうなる共同親権!?どうする面会交流!?

生井澤 葵〔著〕
Namaizawa Aoi

〜Q&Aでわかる面会交流入門〜

発行 恒春閣

はじめに

　共同親権が始まるという話題になると、「大変そう」、「面倒臭くなる」、「よく分からない」と多くの弁護士が顔を曇らせます。そして、多くの弁護士がこう言います、「きっとこれまでと大して変わらないよ」と。

　そうは言っても、世間の関心は高く相談者・依頼者から共同親権についてのご質問は増える一方です。

　ということで、日々離婚の問題や面会交流の問題を扱う１人の弁護士として、共同親権を食わず嫌いにするわけにもいきません。

　実際に改正民法の条文や、法制審議会家族法制部会の議事録、審議会のメンバーの論文等を読みながら、私の思った感想は、「共同親権、複雑すぎる！！！」ということです。そうであれば、忙しい実務家の方、共同親権について学びたいと思っていらっしゃる一般の方向けに、簡易な入門書を書ければと思ってできたのがこの本です（忙しい時は六法をめくるのも面倒ですので、本書の後に条文もそのまま載せてあります）。

　実を言いますと、今回の本、当初はもっと「である」調で知的な雰囲気で書いていました。ところが、入稿〆切２日前に、自分の原稿を読み直していて、ちっとも面白くないし、頭にも入って来ない（自分で書いた文書なのに、別の人が書いたみたいで怖かったです）ことに気づき、半日ほど考えた後、「オヤペン」を爆誕させました。

　共同親権はお子さんの幸せに資するものでなくてはなりません。

i

はじめに

お子さんの幸せのために、離婚をしても父母がお子さんに関わるためのものです。

オヤペン・ファミリーの形を見ていただければ分かるのですが、共同親権の導入は決して現状を打破するようなキラキラしたものではなく、離婚してもお子さんと会い放題！というものではありません。結果的に、法律的な名称は変わるかも知れませんが、現在の実務で私が日々奮闘している面会交流の問題はほぼそのまま残るのではないかと思っています。

そこで、後半部分は面会交流についての入門編としました。共同親権がホットな話題である一方、面会交流の部分には特段の新しさはありません。実務の現場で日々私が向き合っていること、相談者・依頼者に説明することをできるだけリアルに書きました。

面会交流の問題は色々な人が関わって心を砕いている、難しく繊細な問題です。この問題の近くに（あるいは延長線上に）、共同親権・監護の分掌の話が舞い降りて来るということを感じていただければ幸いです。時間をかけて、根気よく向かい合わなければなりません。

今回のこの本は、株式会社恒春閣の勇気と冒険心があって、そこに編集部長南様、稲葉様のお力沿えがあって完成しました。〆切2日前に突然本の語調を全て変えて、オヤペンというキャラクターを登場させたいと言い出した私を受け入れてくださってありがとうございました。

そして、忙しい中、実務家の視点で原稿のチェックをしてくれた

布施俊輔弁護士と、あらゆるきっかけのスタートをくれた親愛なる兆雯さんに、ここで感謝を伝えさせていただきます。

2025年2月

生井澤　葵

目 次

はじめに

第1章　民法改正と面会交流・共同親権について　*1*

1　面会交流に関わる改正民法の条文　*3*
　⑴　「子の監護の分掌」とは　*8*
　⑵　「父母以外の親族との交流」とは　*10*
　⑶　追加された817条の13とは　*11*
2　親権に関わる改正民法の条文　*12*
　⑴　親権の内容について　*16*
　⑵　共同親権になるのか単独親権になるのかについて（親権の帰属の問題）　*17*
　⑶　共同親権であっても単独行使ができる場合（親権の行使の問題）　*19*
　⑷　共同親権（単独親権）×監護の分掌の場合　*23*
　⑸　【オヤケン・ファミリーの形・まとめ】　*24*
　⑹　親権と面会交流の関係はどのようなものか　*25*
3　私見　*26*
　共同親権早わかり　Q&A　*30*

第2章　家族の形は変わるもの×面会交流原則実施論　*33*

1　家族の形の変化　*35*
2　面会交流原則実施論　*39*

目 次

Case 共同親権は子の利益に資するか　45

第3章　台湾の面会交流・共同親権から学ぶこと　65

1　台湾の親権はどんな感じ？　67
2　台湾は原則夫婦別姓　68
3　台湾の面会交流はどんな感じ？　69
　① 親職教育（親ガイダンス）　70
　② フレンドリーペアレントルールと親権　72
　③ 心理カウンセリング　73

第4章　面会交流の現場から～Q＆A～　75

1　当事者の分類　77
2　面会交流Q＆A　80

Q1　面会交流調停に関わる人達はどのような人でしょうか？　80

Q2　面会交流について法律相談をしたいと思い、法律事務所に電話をしました。そうしたところ、理由も言われずに、相談を断られてしまいました。何がいけなかったのか、とても不安です。どういうことが考えられますか？　86

Q3　弁護士と話をしていて、その弁護士が私の相談している内容を「事件」「事件」というのです。私は何か悪いことをしたのでしょうか？嫌な気持ちになってしまいました。　90

Q4　面会交流調停は弁護士に依頼せず、自分で申し込めますか？　*91*

Q5　面会交流調停にはどれくらいの費用がかかりますか？　*93*

Q6　調停の日時は、どのようにして決められるのでしょうか？こちらの希望は聞いてもらえるのでしょうか？　*94*

Q7　面会交流調停は弁護士を頼んだほうがいいでしょうか？　*96*

Q8　面会交流調停の申立書の書き方を知りたいです。　*100*

Q9　相手に見られては困るけど、裁判所には知っておいて欲しい証拠がある場合、何か方法はありますか？　*108*

Q10　面会交流調停に臨む際、言いたいことを忘れてしまわないように、手控え（メモ）を持って行っても大丈夫ですか？また調停の最中にメモや録音をすることはできますか？　*111*

Q11　調停の中で相手に伝えて欲しいこと、逆に、調停委員には話したけれども、相手に伝えて欲しくないことの希望を出すことはできますか？　*113*

Q12　面会交流調停で必ず聞かれる質問はありますか？　*114*

Q13　相手から夫婦関係調整調停（離婚）の申立てが来たのですが、こちらはそれに対して面会交流調停を申し立てても変ではありませんか？　*115*

vii

目 次

Q14 離婚調停と面会交流調停を一緒に申し立てることはできますか？ *116*

Q15 調停待合室というのはどのような場所でしょうか？相手と会わずに済むようになっていますか？ *118*

Q16 調停にはどのような洋服を着て行くべきでしょうか？ *120*

Q17 調停の一般的なスケジュールを教えてください。 *121*

Q18 調査官調査とは何でしょうか？ *124*

Q19 試行的面会とは何でしょうか？ *126*

Q20 プレイルーム（児童室）というのはどのような場所でしょうか？ *130*

Q21 裁判所のプレイルーム（児童室）で試行面会を行いました。私としては、裁判所のお部屋の雰囲気は悪くないと思うので、今後もここを借りて面会交流をしばらくしたいと思うのですが、そのようなことはできますか？ *132*

Q22 面会交流のルールというのはどのようなものか、具体的に教えてください。 *133*

Q23 相手から面会交流調停の申立てがありました。自分は、相手に子どもを会わせたくないと考えているので、調停に出頭する必要はないのではないかと考えているのですが、どうでしょうか？ *141*

Q24　子どもが「会いたくない」と言っている場合、どうすればいいですか？　*144*

　Q25　離婚して元妻が子ども達を引き取ったのですが、最近元妻が再婚したようです。再婚した場合、面会交流はどうなるのでしょうか？　*147*

　Q26　共同親権になることで、面会交流の形が大きく変わることはありますか？これまでは月1度程度しか会えなかった子どもと、もっとたくさん会えるようになりますか？　*148*

　Q27　サスティナブルな面会交流を目指して、代理人弁護士はどのようなことができるでしょうか？　*150*

　Q28　面会交流調停で話合いがまとまらなかった場合、どのようになりますか？　*151*

　Q29　面会交流調停と面会交流審判はどう違いますか？　*152*

　Q30　離婚前＋別居中の夫婦です。面会交流調停で面会について取決めをしましたが、監護親である相手がそれを守ってくれません。相手に何かペナルティはないのでしょうか？　*154*

3　共同親権Q＆A　*157*

　Q31　共同親権になった場合、子どもの苗字や戸籍はどうなりますか？　*157*

　Q32　具体的にこのような家庭の場合、共同親権が子どもにと

目 次

　　　　って利益になるのではないかという例はありますか？　*160*

　　Q33　離婚後、共同親権になりました。母親である私が現在長女（16歳）と、二女（12歳）を監護養育しています。今回、ご縁があってある男性と再婚をしようと考えていて、その際に、子ども達はその男性と養子縁組させようと考えています。共同親権で何か問題が生じますか？　*161*

巻末資料　*163*

〔巻末資料①〕改正民法一部抜粋（763条〜837条）　*165*
〔巻末資料②〕親子交流支援団体等（面会交流支援団体等）の一覧表　*199*

コラム

面会交流の場所設定の妙技①　*88*

面会交流の場所設定の妙技②　*92*

面会交流の日時設定の妙技　*98*

面会交流支援団体　*110*

面会交流の連絡方法　*112*

北風と太陽　*122*

プレゼント問題　*128*

裁判所の試行的面会で使う部屋　*131*

初めて・オモシロ潰し　*140*

子どもと弁護士、会ってみる？　*143*

弁護士の立会道　**146**

子育ての立証とは　**149**

「親なんだから会えて当然だ！」なのか　**156**

第1章

民法改正と面会交流・共同親権について

これから民法が変わって、共同親権になると聞きました！
共同親権って何ですか？
面会交流に影響はありますか？？？
教えてください！
【オヤペン・ファミリーより】

令和6年5月17日（同月24日公布）に成立した民法等の一部を改正する法律（令和6年法律第33号）により（以下、この本では「民法改正」と呼びます。）、面会交流に関わる条文にも改正がありました。面会交流の条文そのものも改正されましたが、何より、今回の民法改正の目玉は共同親権の採用です。そして、共同親権と面会交流は密接に関係しています。つまり面会交流について話をするには、民法改正のことも知っておく必要があるということになります。

改正された文言の解釈については、今後、実際に法律が運用されていく中で議論が重ねられていくことになると思いますが、施行前の現段階で、どのように考えられているか、今回の民法改正に関わった法制審議会家族法制部会の資料や法制審議会のメンバーの論文等を参考にして少し説明をします。

1　面会交流に関わる[*1]改正民法の条文

◆現行法◆
（離婚後の子の監護に関する事項の定め等）
766条
1　父母が協議上の離婚をするときは、子の監護をすべき者、父又は母と子との面会及びその他の交流、子の監護に要する

[*1] 面会交流について権利性を付与するものとまでは解されていませんが、1994年に批准された「子どもの権利条約」9条3項（「締結国は、児童の最善の利益に反する場合を除くほか、父母の一方又は双方から分離されている児童が定期的に父母のいずれとも人的な関係及び直接の接触を維持する権利を尊重する」）も根拠として挙げらます。

費用の分担その他の子の監護について必要な事項は、その協議で定める。この場合においては、子の利益を最も優先して考慮しなければならない。
2　前項の協議が調わないとき、又は協議をすることができないときは、家庭裁判所が、同項の事項を定める。
3　家庭裁判所は、必要があると認めるときは、前2項の規定による定めを変更し、その他子の監護について相当な処分を命ずることができる。
4　前3項の規定によっては、監護の範囲外では、父母の権利義務に変更を生じない。

　現行法で面会交流について明示されている条文は766条1項です（波線は筆者。以下同じ）。「面会」は直接交流を、「その他の交流」は間接交流を指していると考えられています。

　面会交流の権利性については争いがあり、権利性を認める説を取る場合には、その上で誰の権利であるか、具体的には、①同居していない親（非監護親）が子と面会する権利なのか、②子が同居していない親（非監護親）に面会する権利なのか、③親の権利かつ子の権利なのかという問題があります[*2]。一般的には③と考えられることが多いようです。

　民法改正により766条1項は以下のように文言が変わり、さらに766条の2等が追加されました。

[*2]　面会交流の権利性については、花元彩『離婚後の面会交流・共同親権に関する考察』（せせらぎ出版、2024年）27-42頁、本山敦編著『逐条ガイド親族法―民法725条〜881条―』（日本加除出版、2020年）121・122頁等参照のこと。

1　面会交流に関わる改正民法の条文

◆改正後◆

766条

1　父母が協議上の離婚をするときは、子の監護をすべき者又は子の監護の分掌、父又は母と子との交流、子の監護に要する費用の分担その他の子の監護について必要な事項は、その協議で定める。この場合においては、子の利益を最も優先して考慮しなければならない。

※2項～4項は変更なし。

（審判による父母以外の親族と子との交流の定め）

766条の2

1　家庭裁判所は、前条第2項又は第3項の場合において、子の利益のため特に必要があると認めるときは、同条第1項に規定する子の監護について必要な事項として父母以外の親族と子との交流を実施する旨を定めることができる。

2　前項の定めについての前条第2項又は第3項の規定による審判の請求は、次に掲げる者（第2号に掲げる者にあっては、その者と子との交流についての定めをするため他に適当な方法がないときに限る。）がすることができる。

　一　父母
　二　父母以外の子の親族（子の直系尊属及び兄弟姉妹以外の者にあっては、過去に当該子を監護していた者に限る。）

（親子の交流等）

817条の13

1 第766条（第749条、第771条及び第788条において準用する場合を含む。）の場合のほか、子と別居する父又は母その他の親族と当該子との交流について必要な事項は、父母の協議で定める。この場合においては、子の利益を最も優先して考慮しなければならない。

2 前項の協議が調わないとき、又は協議をすることができないときは、家庭裁判所が、父又は母の請求により、同項の事項を定める。

3 家庭裁判所は、必要があると認めるときは、父又は母の請求により、前2項の規定による定めを変更することができる。

4 前2項の請求を受けた家庭裁判所は、子の利益のため特に必要があると認めるときに限り、父母以外の親族と子との交流を実施する旨を定めることができる。

5 前項の定めについての第2項又は第3項の規定による審判の請求は、父母以外の子の親族（子の直系尊属及び兄弟姉妹以外の者にあっては、過去に当該子を監護していた者に限る。）もすることができる。ただし、当該親族と子との交流についての定めをするため他に適当な方法があるときは、この限りでない。

【参考】改正家事事件手続法
（審判前の親子交流の試行的実施）
152の3条

1 家庭裁判所は、子の監護に関する処分の審判事件（子の監

> 護に要する費用の分担に関する処分の審判事件を除く。）において、子の心身の状態に照らして相当でないと認める事情がなく、かつ、事実の調査のため必要があると認めるときは、当事者に対し、子との交流の試行的実施を促すことができる。
> 2　家庭裁判所は、前項の試行的実施を促すに当たっては、交流の方法、交流をする日時及び場所並びに家庭裁判所調査官その他の者の立会いその他の関与の有無を定めるとともに、当事者に対して子の心身に有害な影響を及ぼす言動を禁止することその他適当と認める条件を付することができる。
> 3　家庭裁判所は、第1項の試行的実施を促したときは、当事者に対してその結果の報告（当該試行的実施をしなかったときは、その理由の説明）を求めることができる。

　改正による大きな変更点は、
① 「面会」の単語がなくなり、それに代わる形で、「子の監護の分掌、父又は母と子の交流」と記載されたこと
② 「父母以外の親族」との交流についても、家庭裁判所が審判で定めることができるようになったこと
③ 817条の13が追加された（現行法でも817条の11まで存在していますが、それは特別養子についての規定であり、817条の13は後述する817条の12と共に既存の条文とは毛色が異なります）こと

の3点です。
　なお、先ほど紹介しました面会交流の権利性についての争点について明確にされるような文言の変更はされていません。

第1章　民法改正と面会交流・共同親権について

(1) 「子の監護の分掌」とは

　①の変更点で、新たに民法に登場した「子の監護の分掌」とはどのようなものでしょうか。

　この点について法制審議会家族法制部会第37回会議（令和6年1月30日開催）の「家族法制の見直しに関する要綱案」の中では、「離婚後の父母双方を親権者と定めるに当たって、父母の一方を子の監護をすべき者とする旨の定めをすることを必須とする旨の規定は設けないものとした上で[*3]、離婚後の子の監護に関する事項の定め等に関して民法766条1項が規定する『子の監護について必要な事項』の例示に『子の監護の分掌』を加えるものとする」とされたものの、「分掌」についての具体的な内容には、触れていません。

　そもそも、「分掌」という単語は大辞泉によれば「仕事・事務を手分けして受け持つこと。分担。」と説明されており、文言をそのまま理解するとすれば監護の手分け、つまりは監護権者が複数名いる状態を前提に、離婚した父母が監護を分担することを指していると考えて良さそうです[*4]。

　この「監護の分掌」という文言について、法制審議会家族法制部会の中でのやり取りを確認すると、審議会資料「要綱案の取りまとめに向けた議論のための補足説明資料（35-2）」[*5]の中で、「子の監護を担当する期間を父と母で分担したり、監護に関する事項の一

[*3]　石綿はる美「監護者指定をめぐって（下）―監護者の権限と親権者との関係を中心に」法学セミナー840号（2025年）78–80頁に監護者指定の必須の要否等が詳しく書かれています。なお、同氏は法制審議会の幹事です。

[*4]　そもそも現行法においても、親権者は1人と定められていますが、監護権者は1人と定められておらず、複数の監護権者が指定されることも理論上可能であるとされていました。詳しくは、石川稔「監護者の地位と権限」判例タイムズ747号277頁。

部（例えば、教育に関する事項）を切り取ってそれを父母の一方に委ねたりといった定め方」があり得ると指摘されていて、その内容は「個別具体的な事項を設定することを想定しているわけではなく、ある程度幅をもった抽象的な役割分担が想定される」とされています。さらに、「父母の協議や調停によって『監護の分掌』の定めをする際には、当事者の協議等の結果を踏まえ、現に意見対立が生じている事項のみならず、今後の紛争を予防するために様々な取決めがされることも想定される。」とも記載されています。

　つまり、監護の分掌とは、①期間の分掌、②事項の分掌が想定されていて、一般の感覚での共同養育[*6]の根拠になり得る文言と考えて良さそうです。

　少し経緯を説明しましたので、ややこしくなってしまいました。「監護」は、後述する「親権」と深く絡んでいる問題ですので、ここまでの段階では、ひとまず「監護の分掌」については、以下のように理解していただくことでいいと思います。

[*5] 「要綱案の取りまとめに向けた議論のための補足説明資料」は要綱案の取りまとめに向けた議論を行うために参考となる事項を事務当局において補足的に説明するための資料で、取りまとめの対象になるものではないと位置付けられていることから、解釈において直接の根拠とはならないことに注意が必要です。

[*6] 外国の映画やドラマを観ていると、子どもが離婚した両親の家を、行ったり来たりするシチュエーションがあり、なんとなくですが、これが共同親権のイメージになっている気がします。
　しかしながら、改正民法から正確に表現すると、これは「期間の分掌」が行われている家族ということになりそうです。

第1章　民法改正と面会交流・共同親権について

> - ●民法改正で「監護の分掌」という単語が登場した
> - ●「監護の分掌」と面会交流は同じ条文に記載されている
> - ●面会交流という単語は条文にはなく「父又は母と子との交流」という単語になっている
> - ●離婚に当たって共同親権となった父母の間であっても、監護者を決めることはマストではない（決めても・決めなくてもいい）
> - ●「監護の分掌」の内容としては、「子の監護を担当する期間を父母で分担する」・「監護に関する事項の一部を切り取って（教育に関する事項など）それを父母の一方に委ねる」等がイメージ＊7されている

(2)　「父母以外の親族との交流」とは

②の子どもと祖父母等の面会交流については、これまでにない新しい規定です。

実務上では、これまで祖父母が孫との面会を希望していたとしても、そもそも面会交流は「父（あるいは母）と子どもの権利の問題であり、祖父母の権利にまでは広がっていない」とされて、調停の話合いの中からは外されていました（監護親が、非監護親の両親とは一定の信頼関係があり、面会に応じる場合は当然問題ないとされています）。

祖父母等と子どもの面会交流の規定が新設されたことで、面会交

＊7　石綿はる美「家族法改正における親権・監護権の規律の見直し」ジュリスト1603号（2024年）71頁参照。

流調停は複雑化すると予測されます。監護親の非監護親に対する葛藤と、非監護親の親に対する葛藤はまた別のものだからです。祖父母等の面会交流が認められるには、「子の利益のために特に必要があると認めるとき」（改正民法766条の2第1項、817条の13第2項）という要件があるので、これがどのような場合に認められるのかが今後注目すべきポイントになります。

手続的な点を簡単に説明しますと、766条の2第2項で、審判の請求者は一次的に父母とされていますので、申立人は父母のいずれかになることが基本で、申立人が多数現れて混乱する事態とはならなくて済みそうです（実務家からすると、子どもに会いたい親・その両親の3人から依頼を受けて、3人の依頼者と調停に行くことが原則となると、相当複雑になるような気がします）。原則は、申立人（子どもから見れば離れて暮らしている親・非監護親）が自身及び自身の両親（子どもから見れば祖父母）と子どもの交流を認めて欲しいと申立てする形が想定されます。

(3) 追加された817条の13とは

③はこれまでの民法では直接の規定がなかった、父母が婚姻関係にない場面や、婚姻中の父母が別居している場面での面会交流等について定められた規定です[*8]。実務上は、夫婦が離婚前・別居中の状態で面会交流調停を行うことは珍しくなかったことから、実体に法律が追い付いたような形で、大きな問題になる改正ではなさそうです。

[*8] 法制審議会家族法制部会資料35-1、第4の注1、2参照。

第1章 民法改正と面会交流・共同親権について

【オヤペン】
共同親権・監護権・面会交流を学ぶためのアシスタント。
ペンギンは外見で雌雄の区別がつかず、夫婦協力して子育てをする鳥なので、今回のモチーフにしました。

2 親権に関わる改正民法の条文

（親権）
818条
1 親権は、成年に達しない子について、その子の利益のために行使しなければならない。
2 父母の婚姻中はその双方を親権者とする。
3 子が養子であるときは、次に掲げる者を親権者とする。
　一 養親（当該子を養子とする縁組が2以上あるときは、直近の縁組により養親となった者に限る。）
　二 子の父母であって、前号に掲げる養親の配偶者であるもの

（離婚又は認知の場合の親権者）
819条
1 父母が協議上の離婚をするときは、その協議で、その双方又は一方を親権者と定める。
2 裁判上の離婚の場合には、裁判所は、父母の双方又は一方

を親権者と定める。

3 　子の出生前に父母が離婚した場合には、親権は、母が行う。ただし、子の出生後に、父母の協議で、父母の双方又は父を親権者と定めることができる。

4 　父が認知した子に対する親権は、母が行う。ただし、父母の協議で、父母の双方又は父を親権者と定めることができる。

5 　第1項、第3項又は前項の協議が調わないとき、又は協議をすることができないときは、家庭裁判所は、父又は母の請求によって、協議に代わる審判をすることができる。

6 　子の利益のため必要があると認めるときは、家庭裁判所は、子又はその親族の請求によって、親権者を変更することができる。

7 　裁判所は、第2項又は前2項の裁判において、父母の双方を親権者と定めるかその一方を親権者と定めるかを判断するに当たっては、子の利益のため、父母と子との関係、父と母との関係その他一切の事情を考慮しなければならない。この場合において、次の各号のいずれかに該当するときその他の父母の双方を親権者と定めることにより子の利益を害すると認められるときは、父母の一方を親権者と定めなければならない。

一 　父又は母が子の心身に害悪を及ぼすおそれがあると認められるとき。

二 　父母の一方が他の一方から身体に対する暴力その他の心身に有害な影響を及ぼす言動（次項において「暴力等」という。）を受けるおそれの有無、第1項、第3項又は第4

項の協議が調わない理由その他の事情を考慮して、父母が共同して親権を行うことが困難であると認められるとき。
8　第6項の場合において、家庭裁判所は、父母の協議により定められた親権者を変更することが子の利益のため必要であるか否かを判断するに当たっては、当該協議の経過、その後の事情の変更その他の事情を考慮するものとする。この場合において、当該協議の経過を考慮するに当たっては、父母の一方から他の一方への暴力等の有無、家事事件手続法による調停の有無又は裁判外紛争解決手続（裁判外紛争解決手続の利用の促進に関する法律（平成16年法律第151号）第1条に規定する裁判外紛争解決手続をいう。）の利用の有無、協議の結果についての公正証書の作成の有無その他の事情をも勘案するものとする。

（親権の行使方法等）

824条の2

1　親権は、父母が共同して行う。ただし、次に掲げるときは、その一方が行う。
　一　その一方のみが親権者であるとき。
　二　他の一方が親権を行うことができないとき。
　三　子の利益のため急迫の事情があるとき。
2　父母は、その双方が親権者であるときであっても、前項本文の規定にかかわらず、監護及び教育に関する日常の行為に係る親権の行使を単独ですることができる。
3　特定の事項に係る親権の行使（第1項ただし書又は前項の

規定により父母の一方が単独で行うことができるものを除く。）について、父母間に協議が調わない場合であって、子の利益のため必要があると認めるときは、家庭裁判所は、父又は母の請求により、当該事項に係る親権の行使を父母の一方が単独ですることができる旨を定めることができる。

（監護者の権利義務）

第824条の３

1　第766条（第749条、第771条及び第788条において準用する場合を含む。）の規定により定められた子の監護をすべき者は、第820条から第823条までに規定する事項について、親権を行う者と同一の権利義務を有する。この場合において、子の監護をすべき者は、単独で、子の監護及び教育、居所の指定及び変更並びに営業の許可、その許可の取消し及びその制限をすることができる。

2　前項の場合には、親権を行う者（子の監護をすべき者を除く。）は、子の監護をすべき者が同項後段の規定による行為をすることを妨げてはならない。

*　*　*　　　*　*　*

（親の責務等）

817条の12

1　父母は、子の心身の健全な発達を図るため、その子の人格を尊重するとともに、その子の年齢及び発達の程度に配慮してその子を養育しなければならず、かつ、その子が自己と同程度の生活を維持することができるよう扶養しなければなら

ない。
　2　父母は、婚姻関係の有無にかかわらず、子に関する権利の行使又は義務の履行に関し、その子の利益のため、互いに人格を尊重し協力しなければならない。

(1) **親権の内容について**

親権の内容は基本的に、

①身上監護権

　・820条：監護及び教育の権利義務

　　　　　親権者（監護権者が定められている場合には監護者）が、子の利益のために子を育成する権利及び義務

　・822条：居所の指定

　　　　　親権者（監護権者が定められている場合には監護者）が、子が一定期間継続して住む場所を子に指定する権利についての規定

　・823条：職業の許可

　　　　　親権者（監護権者が定められている場合には監護者）が、子が職業を営むことを許可する権利についての規定

②財産管理権・代表権

　・824条：親権者が子の財産を管理したり財産に関する法律行為について子を代表する権利についての規定

で構成されていて、民法改正でもこの点に変更はありません。なお、令和4年12月の民法改正で懲戒権（旧民法822条）は削除されており、821条に子の人格の尊重等の規定が入り、居所指定権（旧民法

821条→822条)の条文が1つ後ろに繰り下がった形になっています。

【通常の親権のイメージ】

親権の中に●身上監護権(監護権という人もいます)と、●財産管理権が入っています。

婚姻中の夫婦の場合、右のようなオヤペンが2匹いることになります。

そして、離婚後に、共同親権になった場合でも、右のようなオヤペンが2匹いることになります。

(2) 共同親権になるのか単独親権になるのかについて(親権の帰属の問題)

民法改正により、単独親権と共同親権が選択できるようになりました。両者の関係に優劣はありません。その理由としては、原則共同親権と解釈できる表記が条文になく、法制審議会の議論の中でも、原則・例外論は採らない(つまり単独親権と共同親権は並列)ことが委員全体の合意であると確認されているからです[*9]。

協議離婚をする中で、父母が共同親権にすることを決めた場合が一番想定しやすい共同親権だと思います。

一方で、親権について父母で話合いが付かず、裁判所でそれを決めるようなケースの場合、裁判所は以下のような要件を検討して判断をします。

＊9　法制審議会家族制部会第37回議事録5−8頁参照。

条文の構成上、親権の帰属と行使が区別されており、①まず単独親権になるのか共同親権になるかという検討があり（819条7項1号、2号の帰属の問題）、②その上で共同親権であるとしても、一方が単独ですることができる親権の事項を定める（824条の2第2項、3項の行使の問題）ことができることから、親権の範囲がどのようになるかという、2段階の検討要素があります。

　①の親権の帰属についてですが、裁判所は、子の利益のため、父母と子の関係、父と母との関係その他一切の事情を考慮します。その上で、

- 「子の心身に害悪を及ぼすおそれ」がある場合（改正民法819条7項1号）
- 「父母の一方が他の一方から身体に対する暴力その他心身に有害な影響を及ぼす言動を受けるおそれの有無、第1項、第3項又は第4項の協議が調わない理由その他の事情を考慮して、父母が共同して親権を行うことが困難」な場合（改正民法819条7項2号）

裁判所は単独親権とすることができます。

　父母間に葛藤がある場合が、改正民法819条7項2号「父母が共同して親権を行うことが困難であると認められるとき」の要件に当たるとされれば、今後の裁判例を見る必要がありますが、裁判所を利用するようなケースでは、ほとんどの件で単独親権になるのではないかと筆者は感じます。

　ただし、裁判所を利用する手続きを使った場合、100％単独親権になるとは書かれていません。裁判所の調停手続の中で、父母間の葛藤が除去され、共同親権が適切となる場合もあるのではないかと

言われています*10。

【単独親権のオヤペン・ファミリーです】

単独親権になった場合で、子どもとの交流ができていない場合、これまでと同様に、非監護親（この場合、親権者ではない親）から監護親（この場合、親権者）に対し面会交流調停を起こす形になると思われます。

(3) 共同親権であっても単独行使ができる場合（親権の行使の問題）

共同親権の場合であっても、改正民法では単独で親権を行使できる場合が定められています。この条文は、婚姻中の夫婦にも、離婚後の共同親権の夫婦にも適用されます。

- 「他の一方が親権を行うことができないとき」
- 「子の利益のため急迫の事情があるとき」
- 「監護及び教育に関する日常の行為に係る親権の行使」
- 「特定の事項に係る親権の行使について、父母間に協議が調わ

---

*10 北村治樹＝松波卓也「父母の離婚後の子の養育に関する『民法の一部を改正する法律』の解説（1）」家庭の法と裁判52号（2024年10月号）114頁。

第1章　民法改正と面会交流・共同親権について

ない場合であって、子の利益のため必要があると認めるときは、家庭裁判所は、父又は母の請求により、当該事項に係る親権の行使を父母の一方が単独ですることができる旨を定めることができる」(以上、改正民法824条の2)

●監護者の定めがある場合（改正民法824条の3第1項）

　この単独で親権を行使できる場合が、父母の一方に多く認められれば、一見すると単独親権に近い状態になるようにも思えます。しかしながら、身上監護権がない、あるいは裁判所に単独行使が定められている場合であったとしても、改正民法824条の3第2項は、親権者は、監護者が改正民法824条の3第1項の規定による「行為をすることを妨げてはならない」としており、つまりは、監護者ではない親権者は、監護者の身上監護の行使を妨げない範囲で監護教育に関する日常の事項について単独で権限を行使できるとされています[*11]。監護者が定められたとしても、親権者の身上監護権がまるっきりなくなってしまうというわけではないようです。

【共同親権のオヤペン・ファミリーです】
（改正民法824条の2のイメージ）

＊11　前掲石綿（＊3）78頁。

左側のオヤペンの身上監護が少し曇っていますね。

例えば、共同親権であってもオヤペン同士が遠くに住んでいて、一方でコペンが養育されている場合などは、「監護及び教育に関する日常の行為」を、一方のオヤペンが単独で行う機会が多いと思われるので、ざっとこのようなイメージでいいと思います。

実はこの形は、現行法下での、婚姻中＋別居中のケースに似ています。

「監護及び教育に関する日常の行為」とは何？と思われる方も多いと思いますが、ここは改正民法の中には明記されませんでした。立法担当者によれば、「日々の生活の中で生ずる身上監護に関する行為で、子に対して重大な影響を与えないもの」[12][13]を指すそうです。

＊12　北村治樹＝松波卓也「『民法等の一部を改正する法律』（家族法制の見直し）の概要」NBL1273号（2024年）22－23頁。なお、北村氏は法制審議会の幹事です。

＊13　向井宣人＝佐野直也「家族法改正と裁判実務への影響」ジュリスト1603号（2024年）87頁。なお、向井氏は法制審議会の幹事です。

第1章　民法改正と面会交流・共同親権について

監護及び教育に関する日常の行為にあたりますか？	
⇩ あたります	⇩ あたりません
・子の食事や服装 ・短期間での観光目的での海外旅行 ・子の心身に重大な影響を与えないような医療行為や日常的に使用する薬 ・通常のワクチン接種 ・習い事 ・高校生の放課後のアルバイト等	・子の転居 ・子の心身に重大な影響を与える医療行為 ・進路に影響するような進学先の選択・入学の手続（私立小学校・私立中学への入学や、高校への進学、長期間の海外留学等）や、高校に進学をせずに又は高校を中退して就職すること ・（15歳未満の子の）氏の変更や養子縁組の代諾等

【共同親権のオヤペン・ファミリーです】

（改正民法824条の3第1項のイメージ）

こちらは、明確に監護者を決めた場合のイメージです。実は現行法下で、婚姻中＋別居中＋監護権者を指定した件に似ています。

(4) 共同親権（単独親権）×監護の分掌の場合

　改正民法の面会交流についての条文説明の部分で出て来た「監護の分掌」の話がここで再登場します。これまでは、理論上監護者は複数いることも可能とは言われていましたが、実務上は見かけることはありませんでした。

　今回の民法改正では、子の利益になるよう、より細やかな監護教育態様を設定できるようになったことから、①期間の分掌、②事項の分掌（8ページ以下を参照）が可能になりました。

　つまり以下のような形が可能となります。

【共同親権・監護の分掌型】

【単独親権・監護の分掌型】

第1章　民法改正と面会交流・共同親権について

(5)　【オヤペン・ファミリーの形・まとめ】*14

	オヤペン・ファミリーの形		
従来型	親権（財産管理・身上監護）		これまでの離婚では全てこうなっていました。
完全共同親権	親権（財産管理・身上監護）	親権（財産管理・身上監護）	共同親権で、監護者を定めなかった場合。
共同親権	親権（財産管理・身上監護）	親権（財産管理・身上監護）	共同親権で、一方の単独行使可能が多い場合。別居中もほぼこの形。
共同親権＋監護者指定	親権（財産管理）	親権（財産管理・身上監護）	共同親権で、監護者を定めた場合。

*14　久保野恵美子「親権についての理論的検討─父母の双方か一方かの決定について」法律時報1209号（2024年96巻12号）13頁参照。なお、同氏は法制審議会の幹事です。

2 親権に関わる改正民法の条文

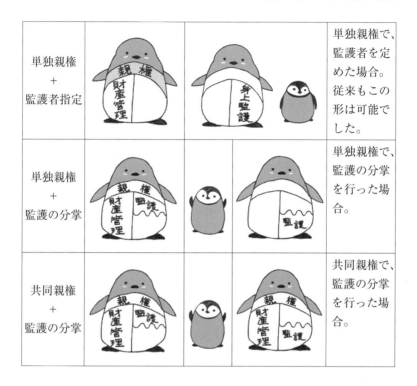

(6) 親権と面会交流の関係はどのようなものか

上記の【オヤペン・ファミリーの形】のなかで、コペンの位置を見てください。コペンが一方のオヤペンと同じマスに入っているケースの場合、もう一方のオヤペンが日常的にコペンと交流していない可能性が高いと思われる形です。

親権と監護権の形次第で、現状と大きく変わらない親子関係が維持されると思われます。面会交流を求める形にするのか、居所指定権の問題として扱うのか、法的構成に変化があるかも知れませんが、実質的な「会える」「会えない」の面会交流の問題は今後も生じると考えられます。

つまり、「共同親権が導入される＝原則子どもは週の半分を母親と暮らし、週の半分を父親と暮らす」[*15]ということに直接的にはなりません。したがって、この本の第２章ではこれまでの面会交流調停事件でのノウハウについて、説明することにしました。

なお、父母の離婚に当たって、両親のどちらが子と同居するのかは、①親権に包含されている居所指定権についてどちらの親に行使が認められる（改正民法824条の２第３項）、②一方が親権者かつ監護権者（後述）になる（766条１項）、③子の監護の分掌（766条１項）を定める、このいずれかの方法で決定することになると言われています。

3　私　見

【オヤペン・ファミリーの形】の一覧表を見て、どのように感じられましたか？

「ペンギンが多すぎる！！！」

それが私の率直な感想です。

そもそも、オヤペンというキャラクターを考え、説明のためのアシスタントになってもらったのは、簡単には説明できない、親権・監護権のバリエーションの多さがあったからです。

このように、民法改正により、条文上離婚後の親と子の関係について選択肢（メニュー）が増えたという点は確実です。選択肢（メ

[*15] この形態は「交替モデル」と呼ばれるもので、これ以外にも「鳥の巣」と呼ばれる、子どもが暮らす家に、週の約半分を母親が暮らし、週の約半分を父親が暮らすという形態等もあります。詳しくは、稲垣朋子「離婚後の共同親権の具体的検討に向けて　わが国とドイツにおける議論を踏まえた課題」『現代家族法講義第３巻親子』編集代表二宮修平（日本評論社、2021年、第１版）。

ニュー）が多いということは、それだけ子の利益にフィットする形が選べるということで、いいことだと感じます。

　それと同時に、裁判所が判断する範囲も広がり、さらにその内容に細やかさが求められることになったということになります。民法改正によりメニューが増えたとしても、使われないメニューが増えただけであれば、今回の民法改正の意味は薄れてしまいます。

　家庭裁判所の人的体制及び物的体制の強化については、法制審議会の議論の中でも必須条件と叫ばれていましたし、共同親権導入に当たり多くの弁護士会が会長声明を出した中で、家庭裁判所の資源の強化があった上での共同親権でなければならないとの意見が多くありました。

　現在の日本では、裁判官が常駐していない家庭裁判所も少なくなく、加えて、担当裁判官が限られている（家事事件を担当する裁判官が1～数名）という事態は珍しいものではありません。同時に、家庭裁判所調査官の人数も限られています（調査官が常駐していない家庭裁判所もあります）。

　改正民法施行までに時間が限られている中で、どれほどの人的資源の補強[16]が可能かにも不安があることから、筆者の個人的な意見としては、共同親権導入以降の審判・判決の集積を待つ必要がありますが、裁判員裁判で使用される量刑検索システム、つまり統計

---

[16] 法制審議会家族制部会第36回議事録の中で、棚村政行教授が「まずお子さんの目線に立って、しゃがんで、怖がらせないようにこどもの目線に立って、経験豊富な裁判官が研修やワークショップに参加してスキルを磨き行っていました。」とオーストラリアの裁判官について紹介をされています。日本の家庭裁判所では、裁判官が子と会って面談をするという方式は採られておらず、調査官が調査した意見書、つまり紙の上から子に関する問題について判断するのが通常ですが、それが「常」でいいのかと考えさせられるエピソードです。

データ検索システムを親権や監護権を定める場合にも導入し、あるいは全家庭裁判所の審判・判決等をリソースとして判断を行うＡＩの利用[17]により、裁判所の基準を透明化・平均化かつ裁判所の業務の簡略化ができるようなシステムを導入し、それと調査官調査を併用する等、新たなシステムが検討されていいのではないかと感じています。このようなＡＩの利用が可能になれば、審判・裁判になった場合の結論を予測でき、民間型ＡＤＲ[18]の発展・利用が期待できるようになり、益々裁判所のマンパワーの問題を解消できるのではないでしょうか。

　裁判所、そして私たち弁護士も、このメニューの増えた親権・監護権の形の中で、それをどれだけ使いこなし、民法改正の理想に近づけられるか、試されていると感じます。使いこなせなければ、たくさんあるメニューの中に残る「従来型」に寄ることになるのでしょう（当然、きちんとした検討の上で従来型が適当であると判断されたケースを批判しているわけではありません）。

　共同親権が導入されることで、筆者のような弁護士に持ち込まれ

---

[17]　黃詩淳、邵軒磊「人工智慧與法律資料分析之方法與應用：以單獨親權酌定裁判的預測模型為例」臺灣大學論叢第48巻第4期（2019年12月）2023－2070では、ＡＩを使用して、台湾の裁判所が単独親権を決定するに当たり、重視する要素を数値化し、これまで知ることが難しかった「裁判官の心の中の物差し」を明確にする実験が報告されています。これにより、司法への信頼を増進させ、裁判の結果への予測可能性を高め、世論と司法の対立を緩和させることができるのではないかと言われています。

[18]　現在、離婚に関わる問題で民間型ＡＤＲが多用されているとは言えません。しかしながら、子の利益を重視するという観点から、心理学の専門家や、元家庭裁判所調査官、教育者、医療関係者、カウンセラー、ソーシャルワーカー等、子どもの心に寄り添う専門家が多く集うことに特化した民間型ＡＤＲが創設され、細やかな監護養育プランの策定や、問題が生じた場合に速やかに相談ができる窓口となれば、需要が増えるのではないでしょうか。

る離婚相談は、より複雑になるでしょうし、同時に親子交流の問題は残る（名前が面会交流調停ではなくなるとしても）と考えています[*19]。

[*19] 併せて、第三者からの相談も増えると思います。これまでは、離婚した家庭では従来型のオヤペン・ファミリー、つまり、単独親権でしたので、親権の問題が関わる場面でも、戸籍謄本を示すことで多くのことが解決しました。今後は、離婚後でも「共同親権」の場合もあり、監護の分掌の問題もあるとなると、第三者はいったい誰の言うことに従えばいいのか、誰と契約をすればいいのか分からなくなってしまう場面があると思います。
　現在でも、父母が別居した場合、保育園等のお迎えに当たって保育園側として父母のどちらに子を引き渡すのが正しいのか、学校教員として学校からの連絡をどちらに入れればいいのか等、現場での判断に苦慮しているという話が少なくありません。

第1章　民法改正と面会交流・共同親権について

共同親権 早わかり　Q&A

Q 共同親権が始まった場合、基本的にはどの家もみんな、共同親権になりますか？

A 必ずしもそういうわけではありません。共同親権か、単独親権かに優劣はなく、ご家庭ごとに決めていくことになります。

→*check*：本書17ページ

Q 協議離婚の時だけ共同親権を選べるんですか？

A 共同親権は、協議離婚の時はもちろん、裁判所の手続きを利用した場合でもなる可能性があります。

→*check*：本書18ページ

Q 共同親権になれば、週の半分を子どもがこちらで暮らし、週の半分を子どもが相手の家で暮らすようになりますか？

A 必ずしもそういうわけではありません。共同親権で監護者を特に定めず、父母が上記のような養育を選択した場合や、父母が監護の分掌（特に期間の分掌）を行った場合にはそのような環境になる可能性があります。

→*check*：本書19ページ以下

Q 共同親権が始まった場合、面会交流の問題はなくなりますか？

A 必ずしもそういうわけではありません。共同親権であっても、非監護親がお子さんに会えないという問題は生じ得ます。
現在も離婚前・別居状態のご家庭で面会交流の問題が生じることは珍しくありませんが、それと同様に考えていいと思います。

→*check*：本書25ページ以下

Q 共同親権でも、結局、監護権がない側だったら、何の意味もないのではないでしょうか？

A そういうわけではありません。監護権を妨げない形での親権行使は可能となっています。

→*check*：本書20ページ

Q 結局、共同親権のメリットは何でしょうか？

A お子さんの幸せのために、一番合う父母の形を選択できるようになったことだと思います。

第2章

家族の形は変わるもの
×面会交流原則実施論

共同親権の説明が続きましたが、ここからまた面会交流について話を戻します。「会わせるべきか」「会わせないべきか」の問題は確実に残るはずです。そこで、面会交流原則実施論と言われる考え方とその変化を中心に、今後の面会交流について検討していきます。

1　家族の形の変化

　令和の時代、男性の育児への積極的な参加が求められる潮流の中で、ベビーカーを押している男性の姿や、保育園へ子どもを連れていく男性の姿は珍しいものではなくなりました。

　昭和の時代、筆者が子どもの頃は、平日に子どもを連れているのはほぼ女性で、平日に休みがあった筆者の父とスーパーに出かけると、子どもを連れている男性があまりに少ないことから、子ども心に心配になり、「お父さん」を連呼して誘拐ではないアピールを周囲にしていた記憶が残っています。

　平成になり、筆者が弁護士になった後も、十数年の間で、男性の子育てに関与する時間はゆっくりと増加し、しかもそれが「当然」と言われるように変化しました。ある離婚事件の中で、婚姻期間が三十数年の夫婦について、離婚原因として「夫が家事・育児をしなかった」と妻側から主張された際には、現在の基準で当時の家事・育児の程度を評価することは、さすがに情勢が違い過ぎるのではないかと反論したことがあるほどです。

　昭和の時代のように、男性が外で働き、女性が家庭を守るという分かりやすい役割分担を選択する家庭が多かった時代、離婚あるいは別居後の子どもの監護養育を担うのは女性が自然だったでしょうし、男性が子どもと関わってきた時間を考えれば、現在の面会交流

の頻度（詳しくは後述しますが「月1回程度」）も納得できます。恐らく当時であれば、おむつ替えやミルクのあげかたが分からず、幼児との長時間の面会となるとお手上げになってしまう男性も多かったのではないでしょうか。

　平成22（2010）年より厚生労働省はイクメンプロジェクトを発足させ、その中で平成25（2013）年から男性の育児と仕事の両立を推進している企業を表彰するイクメン企業アワード、平成26（2014）年からイクボスアワードが実施されるようになりました（共に2021年に終了）。

　同時期(2014年)に「すべての女性が輝く社会づくり」が政府によって掲げられ、日本の持続的な経済成長のために、女性の力は「我が国最大の潜在力」とされ、女性は家庭の内外で更なる活躍を期待されることとなりました。これに伴い、男性の子育て参加もより強く求められ、男女共同参画局が公表する令和5年版男女共同参画白書に掲載されている男性育児休業取得率のグラフでは平成28(2016)年以降急激に上昇したことが分かります。その後、令和4（2022）年からは「産後パパ育休（出生時育児休業）」がスタートしました。

　それでも、平均的な男性の家事・育児時間が女性のそれとほぼ同じになったとは残念ながら言えないのですが、令和の時代に入り、男性の家事・育児参加はいわば「当然」となり、その時間は少しずつではありますが今後増加していくと思われます。

　確かに、法律相談の中でも、母乳を出すこと以外、全ての家事・育児ができると答える男性が増えました。男性の相談者にAERAの家事育児100タスク表[*1]で確認をしても丸のつく項目が増えて来た印象です。

1　家族の形の変化

　筆者は離婚事件についての相談も多く受けていますが（正確には離婚と面会交流は併せて相談されることが多いです）、離婚を求める原因として、夫が家事・育児に非協力的であるというものは以前から多かったのですが、最近感じるのは、夫が家事・育児に協力的であるが故に、父母の双方が子育てに強い関心とポリシーを有しており、結果的に子育ての方針が夫婦で一致しない時に折り合いがつかなくなっている状態（船頭多くして船山に上る状態）が発生し、夫婦の争いが増え、それを解消するべく離婚を希望しているケースが現れて来た[*2]ということです。

　そもそも、婚姻中は夫婦共に親権を有する共同親権であり、その中でも親権者同士の方針が一致しないことは充分に想定できます。このような事態が発生した場合、現行法には規定がないことから、「子どもの人生において継続的な影響をもたらすような重要事項

[*1] 　AERA dot.「家事育児100タスク表で夫婦の完全平等分担は可能か？」https://dot.asahi.com/articles/-/122727?page=1（2024.9.17参照）。筆者は「家事をしている」という主張は、どうしても抽象的にしか把握できず、実際には相手方が圧倒的に「見えざる家事」等に従事している場合もあることから、この平成28（2016）年に登場したAERAのタスク表で具体的にどこまで行っているか確認するようにしています。この表にチェックをつけながら依頼者と確認をすると、意外とチェックが少なく、「自称家事をしてきた」ではないかとご本人が気づくこともあります。

[*2] 　同時に、夫婦の一方の収入だけでは家庭生活が維持できなくなり、共働きが必須になった結果、夫婦共に余裕がなくなってきているという印象もあります。例えば、昭和の時代であれば、夫が10の仕事を外でし、妻が10の家事・育児をすれば家庭生活が維持できましたが、現代では家庭生活を維持するには16の仕事（つまりは収入）が必要であり、例えば、夫は10の仕事、3の家事育児を行い、妻は6の仕事、7の家事・育児を行う必要があり、以前よりも生活全般において夫婦ともに余裕がなくなっているのではないかと感じることがあります。なお、これは筆者の感覚であり、保育園の整備や家電の発達、家事の外注産業の発展等で10の家事・育児が減少しているのではないかと指摘される可能性もあります。

（例えば宗教的教育や職業選択・営業許可の場合）については、親権行使への司法的介入ないし援助として、家庭裁判所が父母の一方に親権行使を認める旨の審判ができるものと解すべきである（819条5項類推適用）」[3]という見解があります[4]。

　しかしながら筆者の経験では、例えば子に小学校受験をさせるか否かで夫婦の意見が一致しない場合に、弁護士に相談をし、場合によっては家庭裁判所に審判を仰ごうとする家庭は1件もありませんでした。

　つまり、父母の意見が一致しない場合、結局どちらかが折れる形で、何とか折り合いをつけて家庭を維持していくことが婚姻生活ということで、それが難しくなった場合に選択されるのが離婚なのかもしれません。

　そして、これまでは単独親権という制度でシンプルに解決させてきた、父母の意見の不一致の部分について、共同親権の導入あるいは「監護の分掌」等によって、家庭裁判所が複雑なフィールドに踏み込んで判断を行う必要が出てくることになります。

　メニューが増えたことは素晴らしいことで、子の最善の利益に資することに違いないと感じます。また、父母自身の感情を考えても、離婚となれば、子どもとの関わりが「0あるいは100」になり得た従来型に比べても、いわばグレーの解決ができたことは受け入れやすいでしょう。

---

[3]　高橋朋子＝床谷文雄＝棚村政行『民法7　親族・相続　第7版』（有斐閣アルマ、2023年）191頁。

[4]　窪田充見『家族法―民法を学ぶ（第4版）』（有斐閣、2019年）309・310頁では、民法819条5項の類推適用等を紹介した上で、著者の率直な意見が述べられており大変共感できます。

ここからは筆者の意見なのですが、現行法下であってもメニューの多さを生かしきれず、多くの問題が発生してきたのではないかという分野が存在します。

　それが面会交流調停（審判）の分野です[*5]。

2　面会交流原則実施論

　平成24（2012）年7月に時代の変化を段階に分けて分析しながら、面会交流について論じた細矢郁・進藤千絵・野田裕子「面会交流が争点となる調停事件の実情及び審理の在り方－民法766条の改正を踏まえて」『家庭裁判月報』（第64巻第7号1－97頁）という論考[*6]が掲載されました（以下「平成24年論文」といいます）。

　これが、面会交流原則実施論と評価される論文です。

　具体的には、この論文によって「家庭裁判所実務において、別居親が面会交流を申し立てた場合には、面会交流を禁止するべき特別の事情がない限り、直接の面会交流を実施すべきという方針が取られるように」[*7]なったとされています。

　筆者が弁護士登録をし、面会交流事件に携わるようになった時期と、この面会交流原則実施論が世間に登場した時期はほぼ同じで、

[*5]　極めて個人的な感覚・意見なのですが、民法改正で共同親権の話が出るまで、面会交流の分野は大切なことでありながら、今一つスポットライトが当たらない分野だったように感じています。
　　民法改正について意見するつもりはありませんが、もっと前の段階で、面会交流の問題について、世間的にも話題になり、議論が深められ、運用に変化と柔軟性があれば、別の道もあったのではないかと感じます。

[*6]　この論考は、批判もあるものの、データに基づきながら丁寧に分析・検討がされていて、面会交流事件を扱う実務家は必読のものです。

[*7]　岡村晴美「親権、面会交流に関する家裁実務からみえること」熊上崇＝岡村晴美編著『面会交流と共同親権（初版）』（明石書店、2023年）80－101頁。

第2章　家族の形は変わるもの×面会交流原則実施論

　新人弁護士であった筆者は、「どうしてこんなにお子さんが面会を拒否していて、面会交流が現実的には見えない件で、家庭裁判所は強行にお子さんを別居親に会わせようとするのだろうか？」と心から疑問に思ったものです。

　この疑問に対し、窪田充見『家族法―民法を学ぶ（第4版）』（有斐閣、2019年）131・132頁では、面会交流の判断基準で、具体的に子の利益をどのように判断するのかについては大きく2つのアプローチに分かれ、①面会交流原則実施論、②より総合的な観点から、具体的な個々の事情を踏まえて、面会交流を認めるべきか否かを判断するとしたうえで、「かつては、後者のように個別具体的な事情を考慮して判断するというのが一般的であったと思われるが、現在は、前者のような原則実施論が広く実務において定着しているといった説明がされることがある。実際の状況はそれほど単純ではないと思われるが、<u>第1のアプローチを取る方が家庭裁判所の判断がより容易だということは確かだろう。</u>」（下線は筆者）とあり、筆者が感じていた、「月に1回程度は必ず面会をさせるべし」という結果ありきの裁判所の姿勢の理由に少なからず納得しました。

　「月に1度程度の面会交流」の情報は、世間一般にも浸透し、法律相談に来た相談者によっては、これが法律の規定になっていると誤解していることもありました。

　その後ですが、この面会交流原則実施論は、新型コロナウイルスの流行の時期に合わせるように少し変化が生じたように感じています。

　第1の原因はまさに新型コロナウイルスの流行で、面会交流を含めて世間一般で全ての「人と会うこと」に制限がかかりました。これにより、まず多くの面会交流が一旦ストップしました。そして、

制限緩和の中で、復活するものは復活し、復活しなかったものは再度調停等になるか、フェードアウトすることとなったようです。

　なお、ビジネスの場でオンライン会議が進んだことはもちろん、裁判所の手続きもオンライン化が進みましたが、同時に、面会交流の中でもオンライン面会というバリエーションが増えました。

　第2の原因は、令和2（2020）年6月のコロナ禍の中で、東京家庭裁判所面会交流プロジェクトチーム（2020年）「東京家庭裁判所における面会交流調停事件の運用方針の確認及び新たな運営モデルについて」『家庭の法と裁判』第26号129－136頁（以下「令和2年論文」といいます）の中で、平成24年論文が面会交流原則実施論を採用しているという誤解を受け、独り歩きし、「一部に『禁止・制限すべき事由が認められない限り』又は『特段の事情が認められない限り』必ず直接交流を実施しなければならないとの方向で調停運営が行われ、その結果、同居親に対する十分な配慮を欠いた調停運営が行われたことがあったようであり、批判がされてきた。」と論考されたことです。

　令和2年論文では新たに「ニュートラル・フラット」（同居親及び別居親のいずれの側にも偏ることなく、先入観を持つことなく、ひたすら子の利益を最優先に考慮する立場）をキーワードに掲げ、面会交流調停事件の運営において、きめ細やかさと丁寧さと慎重さを強調しながら調整・調査を行っていくモデルが提案されています。

　コロナ禍以降、あくまで筆者の体感でしかない狭い世界の話ではありますが、「月1回程度の面会交流」というキーワードが出されることは少し減って来たかもしれません（体感のレベルであって、正直、各々の調停委員による……という程度かも知れません）。一方で、

きめ細やかさと丁寧さと慎重さが実感できる調停であるかは、調停委員及び家庭裁判所調査官次第の部分がまだ大きいと感じています。

筆者は弁護士になってから、現在に至るまで、ずっと面会交流原則実施論とどのように折り合いをつけるか腐心して来ました。そしてこの悩みは２つに分かれます。

１つ目は当然ながら、子が面会交流を希望しておらず、同居親も面会交流について消極的であるケースであるにもかかわらず、無理矢理でも面会をさせるべきかという問題です。この問題は、多くの実務家[*8]が問題視し論文を上げていることから、筆者が敢えて述べる必要性はない部分だと思います。

２つ目は、面会交流原則実施論、「月１回程度の面会交流」ルールの陰に隠れて来た、月１回程度の面会という基準が、本当に子の利益に資するものであるかという問題です。

前述したとおり、家族の形は変化するもので、育児に積極的に関わり、子と過ごす時間が長い父親も増えて来ているのです。

ところが、「月１回程度の面会交流」ルールは、離婚あるいは別居を境にして、これまでどれだけ男性が育児に参加していたとしても、それが考慮されづらくなっていると感じます。男性の子どもへの関わり方が変化した一方で、面会交流の世界は昔の時代に取り残されている可能性はないでしょうか。

母親に育児を任せきりで「ワンオペ育児」をさせてきた父親と、

[*8] 渡辺義弘「面会交流原則実施方針に対する疑問―心理学的知見の教条化を排した実務運用はどうあるべきか―」青森法政論叢15号（2014年）34−51頁、前掲（*7）岡村晴美80−101頁、長谷川京子「非監護親との接触は子の適応に必要か有益か」『離婚後の子の監護と面会交流―子どもの心身の健康な発達のために（第１版）』梶村太市ほか編著（日本評論社、2018年）82−101頁等。

育児休暇を取得し、復帰後も週の半分は子の保育園の送り迎えを行って来た父親の、面会交流の頻度が共に「月に1回程度」となることが、果たして子の利益に合致するのでしょうか。

面会交流原則実施論は、面会を実施すべきではないと思われるケースでの面会を強要する問題を作出したと同時に、「月1回程度の面会」をさせていれば、それで問題ないと、それまでの別居親と子の関係性に即した細やかな判断を行わない理由にも使用されてきたと感じます。

子の最大の利益の検討は容易ではありませんが、たとえ、両親が離婚を選択したとしても、子どもにとっての両親とのかかわり方を変化させないこと、両親の離婚以前の「これまでの普通の暮らし」の継続性[*9]の維持を補てんするものが面会交流の役割の1つだと筆者は考えています。

これまで、面会交流の問題において、家庭裁判所はメニューの多さを生かせず、「月1回程度の面会交流」という1つのメニューを提供することが多かったのです。

共同親権導入とパラレルに、各家庭の実態に即した、メニューに応じた細やかな判断をこれからの裁判所に求める必要がありますし、1人の代理人弁護士として諦めることなく依頼者の利益に沿う（そしてそれが子の利益に沿う）面会交流の内容を追求する必要があると考えています。

[*9] 筆者としては、誕生してから一度も父親の顔を見ていない子どもの、「パパに会ってみたい」という気持ちを否定するつもりはありませんし、その逆となる父親の気持ちも同様に否定するつもりもありません。ただし、現在の面会交流の現場では、「パパのいる通常の暮らし」が前提にあったとしても、それが途切れてしまう現状があることから、このような書き方をしています。

Case
共同親権は子の利益に資するか

とある家族を例に
共同親権の未来図を見てみましょう！

プロローグ

　鳥木ニワ子さんは専門学校を卒業し、アルバイトをしていた店舗の社員だった8歳年上の羊野マキ男さんと交際を開始し、子どもを授かったことをきっかけに入籍しました。当時ニワ子さんは21歳、マキ男さんは29歳でした。
　ニワ子さんもマキ男さんも実家住まいだったこと、新居を構える貯金がなかったこと、ニワ子さんのつわりが酷く、アルバイトを続けることが難しかったので、マキ男さんの収入だけで生活していくことになったこと、ニワ子さんもマキ男さんも2人とも全く家事ができなかったこと、マキ男さんは羊野家の長男でいわゆる"名家の跡取り"だったことから、ニワ子さんがマキ男さんの実家に移り住んで、マキ男さんの家族（マキ男さんの祖父母、両親、妹2人）と同居する形で、婚姻生活はスタートしました。
　特に同居を望んだのは、マキ男さんのお母さんで、そもそも婚姻前に子どもを授かったことに良くない感情を抱いており、ニワ子さんは早く羊野家の家風に馴染む必要があるという考えでした。
　ニワ子さんは同居に抵抗がありましたが、自身の実家は母が女手1つでニワ子さんと高校生の弟を育ててくれてきた状態で、これ以上実家に頼ることは難しいと考え、自分なりに納得して同居に応じました。

＊＊＊＊＊　　＊＊＊＊＊

　羊野家での新婚生活が始まりました。
　夫婦の部屋は、マキ男さんの部屋だった8畳間でした。
　マキ男さんは、業種の関係から土日・祝日も仕事に出ることがあ

> Case 共同親権は子の利益に資するか

り、朝早くから夜遅くまで働いていました。休みは週に1回程度です。

　ニワ子さんは体調の良い時は家事を手伝おうとしましたが、マキ男さんのお母さんが掃除、洗濯、食事作りを手際よくこなしてしまうので、それに甘える形になっていました。洗濯機が1台しかなく、台所も1つだったので、ニワ子さんが勝手に使うこともためらわれました。

　マキ男さんやその家族は、ニワ子さんがとても幸せなお嫁さんで上げ膳据え膳で大切にされているとニワ子さんに言いました。

　ニワ子さんも実際そのとおりかもしれないと思い、黙っていました。実際、妊婦検診に出かけることと、ベビー用品を準備すること以外することはなく、1日のほとんどを部屋に閉じこもって過ごす状態になりました。

　1度、近所の人が来て、ニワ子さんも挨拶をしたのですが、「これが上げ膳据え膳のお嫁さん？」と聞かれ、近所の人にも噂になっていると知り、恥ずかしくなって、より引きこもりがちになってしまいました。

＊＊＊＊＊　　＊＊＊＊＊

　その後、ニワ子さんは無事に長男ピヨ太くんを出産しました。
　ニワ子さんは母乳が上手く出なかったこともあって、ミルクでピヨ太くんを育てることにしました。
　マキ男さんは、ニワ子さんが専業主婦だし、マキ男さんの実家に頼れているのだからと、育児休暇は取得せず、ピヨ太くんが生まれたあとも、これまでと同じ形で仕事を続けていました。休みの日も

マキ男さんは昼過ぎまで眠っていて、午後、気が向いたときにピヨ太くんをあやす程度でした。

　ニワ子さんは、家事はマキ男さんの実家に頼っていましたが、ピヨ太くんのお世話は可能な限り1人で担っていて、自分が食事を取るときや、ピヨ太くんを沐浴させるとき、自分が病院に行くときや、ピヨ太くんを病院に連れて行くときの送り迎えは、マキ男さんのお母さんに助けてもらっていました。

　ピヨ太くんは夜泣きがひどく、同じ8畳間で寝ているマキ男さんは「うるさくて眠れない」とニワ子さんを怒ることが続いたので、ニワ子さんはピヨ太くんが夜泣きを始めると、彼を抱いて外に出て、泣き止むまで外を散歩するようになりました。

　ある日、ピヨ太くんが8か月になる頃、高熱を出してしまいました。

　ニワ子さんは慌てて病院に連れて行きましたが、そのまま入院となり、ニワ子さんが泊まり込みで付き添うことになりました。

　その時、マキ男さんのお母さんが、入院グッズを持ってきてくれましたが、態度が冷たく、ニワ子さんに何か言いたいような様子でした。

　数日後、ピヨ太くんは無事に退院となり、マキ男さんのお母さんが迎えに来てくれましたが、その車の中で、「あれこれ言うのは良くないと黙っていたけれど、ピヨ太くんがこんなことになるのはあなたのせい」、「こんな小さい子を夜遅く外に連れ出して、ご近所さんも、あのお嫁さんはおかしくなっていると噂している」、「ピヨ太くんがあまりにも泣くから、あなたが虐待しているとも言われた」、「母乳で育てていないから体が弱いのかも知れない」、と言った後、

> Case 共同親権は子の利益に資するか

　もともと、ニワ子さんは若くて、頼りなく、羊野家の跡取りを任せるには不安があるから、これからは、子育ても全面的にマキ男さんのお母さんが手伝うと言い張りました。

　ニワ子さんは、強いショックを受けましたが、マキ男さんが子育てを手伝ってくれない状態に疲れていたこともあり、また、自分自身母親として至らない部分が多いのかも知れないと考え、それに応じました。【★1】

　育児にマキ男さんのお母さんが関わるようになって1か月後、ピヨ太くんが初めての言葉を発しました。それは、「ばぁば」という言葉でした。

　マキ男さんのお母さんは大喜びをしていましたが、ニワ子さんは愕然としてしまい、そのままふらりと家を出てしまいました。

＊＊＊＊＊　＊＊＊＊＊

　ニワ子さんは携帯電話も持たず、ふらふらと歩き続け、気づけば自分の実家の前に立っていました。

　ニワ子さんのお母さんが朝、ゴミ捨てに行こうと玄関を開けると、玄関先にニワ子さんが座り込んでいるのを見つけました。

　ニワ子さんに会ったのはピヨ太くんの入院前以来でしたが、ニワ子さんは以前よりも痩せていて、表情もうつろでした。

　ニワ子さんのお母さんはピヨ太くんのことが気になりましたが、目の前のニワ子さんの様子を見ると、羊野家に帰すことはとてもできないと考え、実家でゆっくり休むようにと声をかけました。同時に、羊野家に連絡を入れ、こちらにニワ子さんがいることを伝え、ピヨ太くんはマキ男さんのお母さんが面倒をみており安全に過ごし

ていることを確認しました。ニワ子さんは、「私がいなくてもピヨ太は大丈夫」と言って泣くばかりでした。

　少し経ってから、ニワ子さんのお母さんは、ニワ子さんを心療内科に連れて行きました。ニワ子さんには適応障害という診断が出されました。

　ニワ子さんのお母さんは、ニワ子さんがこうなった理由は、羊野家での同居生活と、マキ男さんがその苦労を理解しないことが原因と考え、若い夫婦は一度親子3人でアパートを借りてやり直すべきではないか等を提案しました。

　マキ男さんから返って来た答えは、「羊野家ではこれ以上ないほど、ニワ子さんに協力をしてきた。現在ピヨ太は問題なくこちらで元気に育っており、あれ以来風邪もひいていない。もともと、家事ができず、育児もちゃんとできず、さらに病気にかかっている母親に子どもを任せられないので、ピヨ太はこちらで育てます。そもそも、まだ乳飲み子のピヨ太を置いて出て行ったのはニワ子です。育児放棄です。」というものでした。

　ニワ子さんのお母さんは愕然とし、1人で弁護士のところに相談に行き、子の監護権者指定の審判、監護権に基づく子の引渡し審判、保全手続の存在を知り、ニワ子さんに手続きをしようと勧めましたが、ニワ子さんは首を横に振るだけでした。【★2】

　　　　　＊＊＊＊＊　　＊＊＊＊＊

　ニワ子さんが羊野家を出た後、羊野家に戻ろうとしても、そちらの方向に行こうとするだけで、体が震え、耐えられない状態になっていました。ピヨ太くんに会いたいと思っても、体が動かなくなる

> Case　共同親権は子の利益に資するか

のです。それでも、なんとかピヨ太くんのためにと思っても、彼が最初に呼んだのがマキ男さんのお母さんだったことを思い出すと、涙が出て止まらない状態になりました。

　結局ニワ子さんは、羊野家を出た後、3か月後に、①離婚をする、②ピヨ太くんの親権はマキ男さん、③養育費はなし、④面会交流はニワ子さんが望んだ時に行うという約束（ただし離婚協議書等は作成していない）で、協議離婚に応じました。

　離婚届にサインをする時、マキ男さんはピヨ太くんを連れて来てくれましたが、ニワ子さんが抱っこをするとピヨ太くんは泣き出してしまいました。

＊＊＊＊＊　＊＊＊＊＊

　ニワ子さんは実家でゆっくり療養し、心療内科にも通い続け、心身の状態が回復し、数か月後にはアルバイトを始められるほど元気になりました。

　体調が回復し、これまでのことを考えてみると、ピヨ太くんが生まれる前から、義理の実家での生活に心身ともに疲弊していたこと、精神的に限界だったときに、ついピヨ太くんを置いて出て来てしまったこと、親権を手放してしまったこと等、元気であれば、絶対にしなかったはずの行動をしてしまったことを深く後悔するようになりました。

　そこで、勇気を出して、ニワ子さんはマキ男さんに連絡を取り、ピヨ太くんに会わせて欲しいと伝えました。

　しかしながら、マキ男さんの返事は、「ピヨ太はあと少しで2歳になるところであり、ニワ子のことは覚えておらず、恋しがる様子

もない。自分の母と妹たちによく懐いていているから、今更母親として出て来て、今の環境を変えるようなことはしないで欲しい。」と言い、面会交流を拒絶しました。【★3】

　　※これは実際の事案ではなく、筆者が経験した複数の事案に、裁判例の事案を織り込んだものです。

＊＊＊＊＊　＊＊＊＊＊

長いストーリーになってしまいました。

色々考える部分が多い事案ですが、いくつかの気になる点をピックアップしてみます。

① 【★1】の段階で、ニワ子さんがピヨ太くんを連れて、実家に帰った場合、裁判所が監護権者や親権者をニワ子さんとマキ男さんのどちらにするでしょうか。

② 【★2】の段階で、ニワ子さんが監護権者指定審判等を申し立てた場合、裁判所はニワ子さんを監護権者に指定するでしょうか。

③ 【★3】でマキ男さんが面会交流を拒絶しましたが、ニワ子さんが面会交流調停（審判）を起こした場合、ニワ子さんはピヨ太くんと会えるでしょうか。

　【★3】の段階で、ニワ子さんがマキ男さんと離婚はしておらず、別居をしているだけだった状態の場合、ニワ子さんが監護権者指定申立審判等を申し立てた場合、裁判所はニワ子さんを監護権者に指定するでしょうか。

④　民法改正でニワ子さんが共同親権への変更を申し立てた場合、申立ては認められるでしょうか？

> Case　共同親権は子の利益に資するか

＊＊＊＊＊　＊＊＊＊＊

　実際の事件ではより細かい事実まで着目する必要がありますので（この事案ではマキ男さんの育児への関わり方の描写が少なく、大まかに「あまり関わっていない父親」として描いてあります）、それによって変化や違いが出る可能性はありますが、私が法律相談を受けた場合であれば以下のように答えると思います。

> ①【★1】の段階で、ニワ子さんがピヨ太くんを連れて、実家に帰った場合、裁判所が監護権者や親権者をニワ子さんとマキ男さんのどちらにするでしょうか。

　かなりの高い確率で、
- 監護権者指定審判申立等をマキ男さんが申し立てた場合、棄却される。
- 離婚訴訟では、ニワ子さんが親権者となる。

と予測します。

　マキ男さんとニワ子さんのピヨ太くんへの関わり方を比較すると、夜泣きや入院に対応しているのがニワ子さんで、普段の生活でもピヨ太くんと過ごす時間が長いのは圧倒的にニワ子さんです。

　この点を考えると、ニワ子さんがピヨ太くんを連れて出た行為は「連れ去り」ではないか？という質問もありそうですが、平成17年6月22日大阪高等裁判所決定を参考にすると、ニワ子さんがマキ男さんの許可なく、ピヨ太くんを連れて実家に戻ったとしても、「未成年者の出生から抗告人との別居までの間、未成年者の監護を主と

して担っていた」のはニワ子さんであり、そのようなニワ子さんがマキ男さんと「別居するに際して、今後も監護を継続する意思で、未成年者とともに家を出るのは、むしろ当然のことであって、それ自体、何ら非難されるべきことではない」とされるのではないでしょうか。

連れ去りの問題はあちらこちらで言及され、ネットでも容易に手に入る情報です。羊野家側としてはいずれ跡取りになるピヨ太くんの親権を取るためには、マキ男さんがよりピヨ太くんに関わるか（では仕事はどうするのか？収入が途絶えてもいいのか？ニワ子さんが専業主婦になった段階でニワ子さんが親権者と決まったようなものではないか？という質問を受けそうではありますが）、別の状況が発生するのを待つ必要があるということになりそうです。

少し話が脱線しますが、羊野家で、マキ男さんの祖父母や両親、妹たちは、ピヨ太くんと同じ家に住んでいるのですから、ピヨ太くんと関わることがあったと思います。ニワ子さんが望んでいたかは分かりませんが、特にマキ男さんのお母さんは、ピヨ太くんとの接点は少なくなかったはずです。

現行法では、ニワ子さんが実家にピヨ太くんを連れて帰ったとなると、それ以降、マキ男さんのお母さんは、ニワ子さんが応じない限り、ピヨ太くんと面会することはまずできなくなります。現行法は、祖父母と孫の面会交流についてカバーしておらず、実務的にも「まずはマキ男さんとの面会交流をどうするか」に重点が置かれており、祖父母との面会交流はあくまでオプションのようなものになっています。

ピヨ太くんからすれば、同居していた時には、ニワ子さんの次に

Case　共同親権は子の利益に資するか

世話をしてくれていた大人はマキ男さんのお母さんのようですから、急に接点がなくなってしまうのは不自然なような気がします（覚えていない時期かもしれませんが）。

　民法改正では祖父母の面会交流も審判の対象にされています。

　マキ男さんがピヨ太くんとの面会交流調停等の中で、祖母がピヨ太くんの養育に深く関わっていたことを理由に「子の利益のために特に必要がある」（改正民法766条の２）として、祖母にも会わせたいという話を出すことが考えられます。

　一方で、今回の別居の原因は、マキ男さんだけではなく、そのお母さんとの関係にもありそうです（マキ男さんには会わせていいけど、そのお母さんには絶対に嫌だ！とニワ子さんに言われてしまうかも知れません）。

　率直に、民法改正後の面会交流調停等では争点が増え、時間がかかってしまうことになるだろうなと感じます。

> ②【★2】の段階で、ニワ子さんが監護権者指定審判等を申し立てた場合、裁判所はニワ子さんを監護権者にするでしょうか。

　ニワ子さんが、家を出てから申し立てるまでの期間にもよりますが、判断が分かれる部分だと思います。確実にニワ子さんが監護権者に指定されると断言はできませんが、可能性は十分にあると思います。

　それまでピヨ太くんの世話を主にしてきたのはニワ子さんなので、これまでの監護実績を評価する必要があります。ポイントになるの

は、マキ男さんのお母さんは、かなり家事・育児と関わっているのですが、マキ男さん自身はあまり関わっていないという点です。

　裁判所は、まず、ニワ子さんの監護実績とマキ男さんの監護実績を比較します。マキ男さん「側」の監護実績、マキ男さんのお母さんの実績は、劣後すると言われています。

　しかしながら、裁判所が検討する要素の中に「現状維持」があります。

　現状、ピヨ太くんは羊野家で問題なく健康に育っているという場合、現状を優先される可能性があるのです。ニワ子さんが家を出てから、時間が経てば経つほど、羊野家での監護実績が積み重なることになります。今回の件は、自宅を出てまだ期間が短いと言えます。

　裁判例等を見ていると、ニワ子さんが監護権者に指定される可能性は十分にありそうなのですが、実際に私が担当した複数の事件で、裁判所は「子を置いて出たという母親の行動」をとても厳しく見ているように感じました。上記の①で、主たる監護者が、今後も監護を継続する意思で未成年者を連れて出ることが非難されるべきことではないとしたことを反対解釈したかのように、主たる監護者が未成年者を連れて出なかったことが非難されているように感じました。

　つまり、それまで主に監護を担ってきた実績が、現在問題なくお子さんが育っているという現状維持に劣後すると判断される可能性もあります。

> ③【★3】でマキ男さんが面会交流を拒絶しましたが、ニワ子さんが面会交流調停（審判）を起こした場合、ニワ子さんはピヨ太くんと会えるでしょうか。

> 【★3】の段階で、ニワ子さんがマキ男さんと離婚はしておらず、別居をしているだけだった状態の場合、ニワ子さんが監護権者指定申立審判等を申し立てた場合、裁判所はニワ子さんを監護権者に指定するでしょうか。

《前段について》

　裁判所はニワ子さんとピヨ太くんが会えるように調停等を進める可能性が高いと思います。

　ニワ子さんは、一緒に住んでいた時には主として監護を担っており、ピヨ太くんに対して問題があるような行動はしていませんでした。

　唯一問題がある行動とすれば、幼い彼を置いて、家を出てしまったことです。ただこの行為が、ピヨ太くんに悪い影響を与えるとしても、面会を否定する原因にはならないはずです。

　また、ピヨ太くんはこれからの成長の中で、保育園や幼稚園で「ママ」について考える機会が増えることになります。離れて暮らしているけれども、彼を大切に思っている「ママ」と面会し、接点を持つことはピヨ太くんにとってもいいことだと裁判所は考えると思います。

　あとは、マキ男さんが面会について積極的に考えてくれるかという問題と、面会をするにしてもその頻度をどうするかという問題になります。

　ピヨ太くんが新生児の時～生後約9か月まで、お世話をできていたニワ子さんですから、もうすぐに2歳になるピヨ太くんと2人きりになっても、お世話は充分にできると思います。そう考えると、

私の考え方では、裁判所の定番の「月に1回程度」基準よりも、より頻度を多く面会をしたほうが、ピヨ太くんにとってもいいのではないかと思うのですが……。

　話が少し脱線しますが、ニワ子さんはアルバイトを始めているとのことですので、収入が得られている場合、ピヨ太くんへの養育費の支払いを考える必要があります。調停の中でこの点についても、併せて取り決めるといいかもしれません。

《後段について》
　ニワ子さんがピヨ太くんと離れて1年近い時間が経ってしまいました。上記の【★2】の時点から比べると、やはり監護権者として指定される可能性は下がっていると思います。

　それでも、裁判例[*1]を参考にすると、ニワ子さんが監護権者として指定される可能性は残っているようです。

　ニワ子さんにとって有利になる事情は3点あり、①結局、マキ男さんがピヨ太くんの監護を監護補助者に頼り切ってしまっていること、②ピヨ太くんが幼いことから、ニワ子さんに会わせないことで弊害が生じるおそれがあること、③ピヨ太くんはまだ幼いので転校等の大きな変化がないこと等が挙げられます。

　一方で、ニワ子さんが実家（実母と高校生の弟がいる）でピヨ太くんを育てられる環境にあるのか等不利な事情も残っています。

[*1]　松本哲泓「子の引渡し・監護者指定に関する最近の裁判例の傾向について」『家庭裁判月報』（平成23年9月、第63巻第9号3－51頁）の中で紹介されている裁判例として、平成21年6月30日（平21(ラ)211号公刊物未搭載）大阪高等裁判所決定、平成21年9月15日（平21(ラ)787号公刊物未搭載）大阪高等裁判所決定、平成21年1月22日東京家庭裁判所八王子支部審判等。

> ④ 民法改正でニワ子さんが共同親権への変更を申し立てた場合、申立ては認められるでしょうか？

　事案では現行法の民法を想定していましたので、マキ男さんの単独親権となっています。民法改正後、ニワ子さんが共同親権への変更を申し立てることは可能でしょうか。
　第1章で紹介しきれなかった、民法改正で「現在は単独親権だが、民法改正後に共同親権に変更をしたいという申立ても可能なのか」を検討します（以下、波線は筆者）。

> **（離婚又は認知の場合の親権者）**
> **第819条**
> 1～5　略
> 6　子の利益のため必要があると認めるときは、家庭裁判所は、子又はその親族の請求によって、親権者を変更することができる。
> 7　略
> 8　第6項の場合において、家庭裁判所は、父母の協議により定められた親権者を変更することが子の利益のため必要であるか否かを判断するに当たっては、当該協議の経過、その後の事情の変更その他の事情を考慮するものとする。この場合において、当該協議の経過を考慮するに当たっては、父母の一方から他の一方への暴力等の有無、家事事件手続法による調停の有無又は裁判外紛争解決手続（裁判外紛争解決手続の

利用の促進に関する法律（平成16年法律第151号）第1条に規定する<u>裁判外紛争解決手続をいう。）の利用の有無</u>、協議の結果についての公正証書の作成の有無その他の事情をも勘案するものとする。

　単独親権から共同親権への変更は上記の条文を根拠に可能になるのではないかと言われています。
　つまり、

●どのような協議の経過の結果、単独親権になったのか
　⇨その協議の中で夫婦間に暴力等があったか
　⇨調停等を経ていたり公正証書にしたりしているか
　⇨その他の事情
●その後の事情の変更、その他の事情

が判断の要素となっています。「その他の事情」が2か所もあり、判断の幅が設けられている点は、今後の運用を見る必要があります。
　これを今回の事案で見ていくと、

●マキ男さんが単独親権になった協議の経過は？
　⇨夫婦間での暴力等はない。
　⇨夫婦関係調整調停（離婚）等で取り決めたものではなく、公正証書も作成されていない。離婚協議書もない。
　⇨ニワ子さんは適応障害に罹患しており、羊野家に戻れる精神状態ではなかった。

Case　共同親権は子の利益に資するか

●事情の変化は？
　⇨ニワ子さんの適応障害は回復に向かっている。
　⇨ニワ子さんが会いたいと言った時に、いつでもピヨ太くんに会えるという状態にはなっていない。

　これらを理由に、共同親権への変更を求めていくことになると思います。

　これまで、現行法下での親権者変更は、単独親権から単独親権への変更であり（例えば、母親から父親へ、あるいは父親から母親へ）、この変更は容易に認められるものではなく、かなり大きな事情の変更が必要とされていました。

　しかしながら、民法改正後の親権者変更は、単独親権から単独親権への変更もあり得ますが、単独親権から共同親権への変更もあり得ます。特に、単独親権から共同親権への変更の場合、以前よりはハードルが下がる可能性もあるのではないかと考えています。

　共同親権への変更が認められたとしても、第1章（19ページ以下）で説明したとおり、「共同親権であるとしても、どの部分が共同」するのかという問題が次に出てくることになります。

　法律的な考え方は上記のようになるとして、実際問題として、マキ男さんの単独親権の状態と、マキ男さんとニワ子さんの共同親権の状態とでは、ピヨ太くんはどちらがより幸福に生活ができるでしょうか。

　【★1】の段階で、ニワ子さんがピヨ太くんを連れて家を出ていた場合、ニワ子さんが親権者あるいは監護権者になる可能性が充

分にあったこと、【★2】【★3】の段階であっても監護権者にニワ子さんがなる可能性があったこと、マキ男さんはどうやら母親や妹に育児を任せている様子があることを考えると、共同親権として、さらに監護の分掌をしてもいい事案なのではないかという気もします。

　親権といっても、お子さんと疎遠な場合には、お子さんの状況が分かりづらく、お子さんのことを考えた親権の行使は難しくなってしまうのではないでしょうか。そうなりますと、やはりお子さんとの接点、つまり監護であったり、面会であったりが、相応の頻度で行えていない場合には、むしろお子さんにとって不利益になると思います。

　やはり、面会なくして親権なし。

　民法改正で共同親権にスポットライトが当たっていますが、子の利益を念頭に考えると、関わり合いがあってこその親権だと思うのです。

第3章

台湾の面会交流・
共同親権から学ぶこと

第3章

内戦の由来を探る
元朝治世から見たモンゴル

面会交流・共同親権の問題は、どの国のどの立場であっても様々な問題をはらんでいて、100％の解決が獲得できているとは言い難い、とても難しい問題だと思います。

　欧米の多くの国は「面会する」から「共に育てる」への道を進みました（国によっては後戻りもあります）。これからの日本はその過渡期でしょうか。

　私は日本と法律が似ている部分が多い台湾の面会交流・共同親権に関心を持ち、何か学べることがないか研究をしています。この場を借りて少し紹介させていただきます。

1　台湾の親権はどんな感じ？

　台湾は日本に先だって1996年に共同親権[*1]を採用しています。これから共同親権が始まる我が国に比べて、25年以上の歴史があるということになります。

　台湾の裁判所が公開している最新の統計[*2]では2023年の裁判離婚で、母親の単独親権となった件が約65％、父親の単独親権となった件が約18％、共同親権となったものが約17％ということで（なお、10年前の2013年には母親単独親権が約58％、父親単独親権が約35％、共同親権が約3％でした。合計が100％にならないのは"その他"の項目もあるからです）、この10年間で母親の単独親権と共同親権が

＊1　台湾では正確には「親権」ではなく「未成年子女権利義務之行使或負擔（未成年者の権利義務の行使あるいは負担）」と民法に記載されており、監護権と省略されることが多いです。

＊2　司法院全球資訊網－業務綜覽－司法統計－性別統計專區－視覺化圖表－112年－地方法院離婚事件子女監護權歸屬比率（https://www.judicial.gov.tw/tw/cp-2379-1089066-e413e-1.html）。

台湾司法院

増え、逆に父親の単独親権は減ったということになります。数字だけを見ると、父親の単独親権があまり好まれてないように見えます。

一方で、気になる点は、裁判所での離婚においても共同親権の判決が約17％もされているということです。裁判所は子の最大の利益を検討し、裁判所を利用する状態になっている夫婦であっても双方を親権者にしたということです。

裁判所を使わない協議離婚の場では、実は共同親権の割合はより多く、2023年の協議離婚で、母親の単独親権となった件が約38％、父親の単独親権となった件が約32％、共同親権となったものが約30％となっています（なお、10年前の2013年には母親単独親権が約38％、父親単独親権が約45％、共同親権が約17％でした）。

日本で共同親権がスタートした場合、協議離婚ができず裁判所に持ち込まれることとなった案件の中で、何％程度が共同親権になるかは未知数ですが、10年前の台湾が約３％だったように、日本もいきなり17％近くにはならないのではないかと感じてしまいます。

2　台湾は原則夫婦別姓

1998年より夫婦別姓が採用され（それ以前は、結婚に伴って「夫の苗字＋妻の苗字＋名前」という冠姓という形式が一般でした。現在も法律上はこの形式を取ることができますが、件数としては2023年６月30日現在の統計で3.9％[3]と少ないようです）ています。

日本では選択的夫婦別姓が話題になっていますが、その議論の中で生まれて来る子どもの苗字をどうするかという話があります。台

---

[3]　内政部『全國姓名統計分析』23頁（2023年）。

湾では子どもの苗字は子どもが生まれて来る都度、母の苗字とするか、父の苗字とするか決めると民法に規定されています。

　それでは、母も父も、子どもに自分の苗字を名乗らせたい！と合意ができなかった場合どうするでしょうか？

　答えは、なんと！「くじ引き」で決めます。

　台湾民法1059条１項に「政事務所抽籤決定之」とあり、役所でくじ引きをして決めるのです。実際このくじ引き制度を利用する父母もいるそうです。

　合意ができない場合と聞くと、私はつい「家庭裁判所で調停等をして決めるのだろう」と思ってしまいますが、これから夫婦として生活をしていくことが前提なので、役所でくじ引き[*4]のほうが、丸く収まるのかもしれないと、納得してしまいました。

3　台湾の面会交流はどんな感じ？

　台湾でも日本と同じように、面会交流調停（會面交往調解）があります。選択的共同親権が導入されている国ではありますが、面会交流についての問題はやはり解決していないということになります。

　ただし、私が強い関心を持ったのは、台湾の面会交流の平均的な頻度が日本よりずっと多いということです。一般的な頻度として、「月に２回（ただしこれは金曜の夜から日曜の夜など宿泊付きセットを２回という意味であったりします）と、別途長期休みに１週間

[*4]　台湾では脱税防止のため1951年から、お店の発行するレシートの裏に宝くじをつける制度を開始しました。２か月に１度当選番号が発表され、当たれば賞金がもらえます。そうとなれば、消費者はみんなレシートを欲しがりますから、お店はきちんと明細を書いたレシートを発行しなければならなくなります。くじ引きといい、宝くじといい、このようなアイデアは面白いと思います。

程度」等がよく紹介されています。興味深い点としては、台湾の人は春節前の大晦日（日本でいう12月31日ですね）に家族で過ごすことをとても重視するので、年に1度しかない大晦日について、「偶数の年は父親と過ごす、奇数の年は母親と過ごす」等も決めることもあることです。

また、DVがあった（配偶者に対する暴力のみならず、子に対する虐待があった件も含む）非監護親と子の面会交流をサポートする機関もあります。

台湾でも日本でも、当然、離婚に至る夫婦の間には葛藤があります。

それにも拘わらず、台湾と日本で様子が違うのはどのような理由か、まだまだ調査中ですが、私なりにたどり着いた理由を何点か紹介します。

① **親職教育*5（親ガイダンス）**

名前のとおり親に対する教育です。

台湾の人に「親職教育」について聞いてみたところ、公的なものから私的なもの、有料のものから無料のもの、時には学校行事の前後に保護者が集められて学校で行われるもの等幅が広いようです。

その中に裁判所が主体となって、離婚調停を前に、法的手続きに関わることや、離婚しようとする夫婦やその子どもの心理・行動について等を無料で勉強する「親職教育」というものが存在し

---

*5 　張筱琪（訳：小林貴典、黄浄愉）「台湾における家事事件サービスセンターの運営と離婚調停前における親教育の実施」二宮周平編著『離婚事件の合意解決と家事調停の機能　韓国、台湾、日本の比較を通じて』164－171頁（日本加除出版、2018年）。

ます。

　地域の文化や特性に合わせるため、台湾全土の裁判所で統一した「親職教育」というものはないのですが、逆に、各地域ごとに個性を持った親職教育が設けられており、地方裁判所によっては「月に１回、３時間程度で、人数は15人以下、テーマは毎回変わり、講師・参加者内での意見交換も行われる」ものや、「初級講座・上級講座（ディスカッション有）が設けられている」ものがあるそうです。地域ごとに個性はあれど、台湾全土（離島は除く）の裁判所でこの親職教育は行われています。

　この「親職教育」は、法律的に受講が義務付けられているわけではありません（韓国では親職教育の受講は義務になっています）。それでも、親職教育の必要性を感じた裁判官から受講を指示することは可能ですし、受講の状況を親権の判断の要素にすることも可能です。

　私が面会交流の案件を扱う時、依頼者が相手に対し、「相手がきちんと子どものことを考えて面会交流を行うのか」という不安を強く感じておられる印象があります。日本の裁判所が発行しているパンフレットと、裁判所が公開している動画を後ほど紹介しますが、このパンフレットと動画を「よく見ておいてください」というだけでは、情報量も少なく心もとないという気持ちはよく分かります。調停委員や家庭裁判所調査官が調停の中で、どれくらい面会交流の心構えについてレクチャーしてくださるかも、ケースによってまちまちです。

　「子どものためにこのルールは守っていこう」という従うべき共通の認識を持ち、それを夫婦の双方が誠実に勉強して、身につ

けようと互いに努力することは、葛藤のある夫婦の中でも、相手を少しでも信頼する糸口になるのではないかと思うのです。

日本でも各地の裁判所で親ガイダンス[*6]が行われているとされていますが、主には裁判所が公開している動画の視聴を促すものであり、受動的なものに留まっています。

台湾のある裁判所では、親職教育だけではなく、「子どもワークショップ」が設けられ、心理カウンセラー等が講師となって、小グループ形式で離婚を前にした子どもたちが自分の境遇を話したり、他の子どもの境遇を聞いたりして、子どもの心理的サポートを図る試みもされているそうです。

② フレンドリーペアレントルールと親権

台湾の民法1055−1条では親権の判断の要素が明示されているのですが、その中で「父母之一方是否有妨礙他方對未成年子女權利義務行使負擔之行為」（父母の一方が他方の未成年者に対する権利義務の行使または負担に関わる行為を妨害したか否か）が親権の考慮要素となっており、これがフレンドリーペアレントルールの規定と言われています。

より分かりやすく言ってしまうと、面会交流にきちんと応じないと、親権者にはなれなくなる可能性があるということです。実際、台湾の法曹関係者にこの点について確認したところ、「面会交流に協力しないと親権を取れなくなってしまう」、「裁判官も、面会交流を促す時に親権に影響するという点を伝える」という話

[*6] 土方正樹「離婚紛争下の子の心情と父母へのガイダンス〜大阪家裁ガイダンス「子に配慮した話合いに向けて」について」二宮・前掲書（*5）251頁以下、香川礼子＝畔上早月＝中山一広「東京家庭裁判所における親ガイダンスの取組について〜現状と課題〜」家庭の法と裁判24巻（2020年）36−42頁。

を聞くことができましたし、台湾の親権についての判決を検索すると、このフレンドリーペアレントルールが親権を決定する要件として実際に用いられています。

③ **心理カウンセリング**

　裁判官が、離婚調停に当たって、当事者に心理カウンセリングの必要性を認めた時は、父母の個別のカウンセリング、あるいは親子同席のカウンセリングを手配することができるという制度もあります。地域にもよりますが、カウンセラーによる1回90分のカウンセリングを無料で8回まで受けることができるそうです。

　このカウンセリングの利用状況や効果、代理人弁護士が就いている件か否か、実際にカウンセリングを受けた方の意見等は調べられていないのですが、弁護士の仕事をしている中で、やはり自分は法律の専門家であって心理学の専門家ではないからと、至ら

臺灣臺北地方法院少年及家事法庭
この庁舎の2階に家事事件サービスセンターがあり、行政的なサービスの窓口となっています。裁判所内には多くのボランティアスタッフの方がいて、すぐに声をかけてくれます。

ない部分を感じることは少なくありません。

　離婚という家族関係の大きな変化を前に、心理的な面からのサポートを無料で、裁判所の関与の下、受けられることは大きな助けではないかと感じます。

親職教育や心理カウンセリングは裁判所の中の家事事件サービスセンターが担っています。台湾の法律では、裁判所は地方自治体等や民間団体に委託して、サービスを提供しなければならないと定められており、具体的にはこれが家事事件サービスセンターです。

裁判所の中に役所の機関や民間の団体が入っていることが、日本人の私には不思議で、実際に目で見て確かめるまで、「さいたま家庭裁判所越谷支部の一角に越谷市役所家庭相談窓口が設置されているっていうことだよね？本当かしら？」と思っていたのですが、本当に設置されていました。

＊＊＊＊＊　＊＊＊＊＊

紹介した①②③の手段は、日本のこれからの面会交流を考える上で何らかのヒントになるのではないかと感じます。

第4章

面会交流の現場から
～Q&A～

1 当事者の分類

　面会交流について検討する場合、子の最善の利益を考えることが最も重要です。実務家は常にこの点を頭に置いて活動していますが、同時にそれを確実に実践できているかは悩みが付きまといます。手続代理人弁護士はその「子」の母親か父親からの依頼を受けた弁護士[*1]であり、弁護士は依頼者に対して誠実義務（弁護士職務基本規程5条）や依頼者の意思尊重義務（同22条1項）を負っており、依頼者の権利や利益を最大限擁護して職務を遂行する必要がある[*2]からです。つまり、弁護士は依頼者を通しつつ、子の最善の利益を考えることになります。

　面会交流についてのQ&Aを書くに当たって意識した点は以下の点です。

　現行法において面会交流調停（審判）に関わる当事者は、

① 子どもと離れて暮らしていて、子どもとの面会を希望する母親
② 子どもと離れて暮らしていて、子どもとの面会を希望する父親
③ 子どもと離れて暮らしていて、子どもとの面会を希望しない母親
④ 子どもと離れて暮らしていて、子どもとの面会を希望しない

[*1] 子の手続代理人制度もありますが、現状一般的に使われている制度とまでは言えないことからこのように記載します。
[*2] 依頼者の利益と子の利益の関係性の問題については、馬場陽『実践 離婚事案解決マニュアル－当事者ケアと子どもの権利・利益実現に向けた、弁護士のサポートのあり方』252－257頁、二宮周平編著（日本加除出版、2020年）に詳しく書かれています。

第4章　面会交流の現場から〜Q＆A〜

　　父親
　⑤　子どもと一緒に暮らしていて、子どもと父親が面会すること
　　を希望する母親
　⑥　子どもと一緒に暮らしていて、子どもと父親が面会すること
　　を希望しない母親
　⑦　子どもと一緒に暮らしていて、子どもと母親が面会すること
　　を希望する父親
　⑧　子どもと一緒に暮らしていて、子どもと母親が面会すること
　　を希望しない父親

父母の問題である①〜⑧とは別に、
　ア　離れて暮らす親と面会することを積極的に考えている子ども
　イ　離れて暮らす親と面会することを消極的に考えている子ども
　ウ　離れて暮らす親と面会することについて意見が明確でない子
　　ども

の存在があり、子どもの人数が1人だとしてもシンプルに考えると24通りのケースが存在することになります。
　この24通りを少し整理整頓します。
　弁護士のところに相談来るもので、多いものから順番に濃い色で示しました。

1 当事者の分類

A	母	①会いたい	×	⑦会わせたい	父	
B		①会いたい	×	⑧会わせたくない		
C	父	②会いたい	×	⑤会わせたい	母	別途子どもの意見×3通り
D		②会いたい	×	⑥会わせたくない		
E	母	③会わなくていい	×	⑦会わせたい	父	
F		③会わなくていい	×	⑧会わせたくない		
G	父	④会わなくていい	×	⑤会わせたい	母	
H		④会わなくていい	×	⑥会わせたくない		

- **ＢＤ**：弁護士のところに相談が持ち込まれることが多いケースです。
- **ＥＧ**：意外に思われるかも知れませんが、ＥＧのケースのご相談も時々あります。非監護親との関係が疎遠になってしまったものの、積極的に子どもに関わってあげて欲しいというご希望等の場合です。
- **ＡＣ**：ＡＣは一見すると何ら問題がなく、弁護士の関与が必要ないようにも見えますが、父母双方が面会交流を積極的に考えているものの、父母の間に葛藤がある等、父母間でのやり取りが困難であるために実現していないケースであったり、時間の設定や場所の指定等をどのようにすればいいか「ルール作り」につまずいていたり、父母双方が面会交流を積極的に考えているものの、子どもが面会交流に消極的であり第三者のフォローが必要と思われるものなどが考えられます。
- **ＦＨ**：弁護士のところにまず相談が持ち込まれることがないケースです。子どもが非監護親に会いたいという気持ちを持っ

第4章　面会交流の現場から〜Q＆A〜

ていたとしても、子どもの声を拾い上げることが困難であり、大きな問題だと感じています。

以下のQ＆Aでは上記のA〜Hのどのパターンの場合に特に参考になりそうかQの隅に記載しましたのでお役立てください。

2　面会交流Q＆A

面会交流調停に関わる人達はどのような人でしょうか？

A〜H全パターン

- ●当事者
- ●調停委員
- ●裁判官（調停官）
- ○家庭裁判所調査官
- ○未成年者ら（つまりお子さんたち）
- ○手続代理人弁護士

※●は必ず関わり、○は関わることが多いです。

具体的に説明します。

●**当事者**

面会交流調停を申し込んだ側を「申立人」、面会交流調停を申し込まれた側を「相手方」と呼びます。

●調停委員

　一般的に女性の調停委員が1名・男性の調停委員が1名入ってくれます。

　調停のお部屋に入ると、この調停委員の2人が迎えてくださるのですが、この2人は裁判官ではありません。調停委員は、調停に一般の人の良識を反映させるために、社会生活のことをよく知っている人、専門的な知識を持っている人、地域のことをよく知っている人等、いわゆる市井の有識者と言われる方が選ばれています。

　弁護士もこの調停委員になれることがあります（私は「弁護士調停委員」と呼んでいます）。しかしながら、理由は分からないのですが、せっかく調停委員になっても、遺産分割調停を担当することがデフォルトで、離婚事件や面会交流事件で弁護士調停委員が入ることはまずありません。

　この調停委員は、原則固定メンバーで、調停1回目から終わりまで変わらないことが普通です。

　率直に調停委員の面会交流調停に対する姿勢はまちまちです。

　面会交流について深く関心を持ち、調停委員としての仕事意外の場所でも、面会交流に関わるNPOの活動をされている、熱心で素晴らしい方もおられます（法務省が公開している、面会交流支援団体[*3]の構成メンバーの中に調停委員経験者が入っている団体が複数あることからも分かります）。

　一方で、弁護士が書いている本や論文でも、調停委員に「このような問題ある発言を受けた」という報告はたくさんみられますし、

＊3　法務省「親子交流支援団体等（面会交流支援団体等）の一覧表について」（巻末資料②参照）。

ネット上では「調停委員ガチャ」という言葉がささやかれています。

私個人としては、面会交流のルール・ノウハウ・マナーについて、当事者双方にきちんと説明（授業）をしていただきたな……と思うのですが、裁判所内で配布されている面会交流のパンフレットを渡されるだけの場合もありますので、物足りなさを感じてしまうことはあります[*4]。

代理人弁護士として言えるのは、「調停委員の先生と話をしてみて、"なんかつらいな"、"なんか変だな"、"ひどいこと言われている気がする"と感じた場合には、弁護士に相談を予約して、そっと相談してみてください」ということです。

● 裁判官（調停官[*5]）

調停の場合、裁判官を目にすることはレアです。

テレビドラマ等から、黒い服を着た裁判官が前に座っているのが裁判所のイメージかと思うのですが、実は手続きの種類が違い、面会交流調停では、黒い服を着た裁判官を目にすることはありません。

多くの場合、裁判官を目にするのは調停のフィナーレで、「成立」（調停の条件がまとまって解決すること）か、「不調」（調停の条件

[*4] 当事者の多くは、「相手も面会交流についてのルール・ノウハウ・マナーを真剣に学んでいるのか？」ということを知りたいのです。自身の依頼者に「これはやってはいけないこと」、「こういうときはまずこうするといいのではないか」等、これまでの経験から身に着けたノウハウ・マナーについて説明をするようにしているのですが、相手方にこれをレクチャーする立場にはないので、これは中立の裁判所か、相手方手続代理人に期待するしかありません。

[*5] え？弁護士が裁判官役？という役職です。5年以上の経験がある弁護士が、裁判所の非常勤職員として任命されるのですが、調停の中では裁判官と同等の権限があります。

がまとまらず調停を終わりにすること）の場合です。時々、調停の途中に裁判官が入ってくださることもあります＊6。

　このように、調停に出席する側からはあまり見かけない裁判官ですが、調停委員が調停を進める中で、必要な時にアドバイスをし、会議をしています。縁の下の力持ちということです。

　時々、調停委員が「ちょっと評議を入れるので、お時間いただきます」と声をかけてくれることがありますが、これが調停委員と裁判官の会議のことです。

○家庭裁判所調査官

　裁判所で特殊な研修を受けた方で、当事者である父母やお子さん、時にはそれ以外の人と面接を行う等して、当事者やお子さんにとって最もよいと思われる解決方法を検討し、裁判官に報告します。

　面会交流調停では、調停の第1回目から調査官が入っていることが多いのですが、入らないケースもあります。途中から入ることもあれば、途中から抜けることもあります。

　私の経験ですが、1度だけ、どうしても調査官を入れていただきたいと思っている件にも拘わらず、何度上申書を出しても調査官を入れていただけなかった件があります。理由は未だに分かりません。

＊6　調停の途中で裁判官が登場する場合、「面会交流審判（調停がまとまらないとエスカレーター式に自動移行する手続き）になっても、こういう結論になる可能性が高いのではないでしょうか？」と、断言はされませんが（そもそも、審判に移行しても同じ裁判官が担当するかは裁判所次第です）、方向性をはっきりと伝えてくださることが多いです。
　いわば、「鶴の一声」。
　調停室に入った時、正面に裁判官が座っていると、「これは、方向性をはっきり指されるぞ!!」と、少し緊張します。

第4章　面会交流の現場から〜Q&A〜

　調査官も、調停の終わりまでずっと同じ人が担当することが原則です。

　調停の中での調査官の関わり方にも個性があります。まちまちです。

　調査官によっては、調停委員に代わって調停を進めているのではないか？というくらい、調停を引っ張っていく方もおられますし、逆に、調停の最初から最後までほとんど口を開かず、メモを取りながら当事者を観察されている方もおられます。当事者の話を聞いてカウンセリングなどの方法を利用しながら、心理的な援助をしてくださることもありますが、純粋に調査、つまり当事者とお子さんの観察のみに徹する場合もあります。

　後述しますが、裁判官が調査命令を出すか、出さないかでも調査官の働きは変わってきます（Q18参照）。

○未成年者ら（つまりお子さんたち）

　お子さんたちは一番の当事者なのですが、申立人・相手方として、調停の中で話合いを進めていくのは両親です。

　お子さんの年齢やどこに住んでいるか等の事情から、お子さんが裁判に呼ばれることもなければ、家庭裁判所調査官と面談をすることもないというケースもあります。つまり、お子さん自身が全くノータッチになることもあります。確かに、まだお喋りもできないお子さんに意見を聞くというのは難しいこともあるかも知れません[*7]。

　＊7　私の経験ですが、0歳のお子さんを裁判所の調停室で会わせたこと、1歳のお子さんを裁判所のエレベーターホールで会わせたこと、2歳のお子さんについて裁判所で試行的面会したこともあるので、ケース・バイ・ケースであり調査官の判断次第の部分も大きいと思います。

母親も父親も1人の人間で、お子さんのことを考えながらであってもどうしても自分の感情が入ってしまう部分があります。一方で、お子さんも1人の人間として尊重されるべきです。そうは言っても、日々の生活の面倒を見てくれている監護親の感情に、お子さんが気づかないことはないでしょう。自分の気持ちを押し込めてしまう可能性もあります。

　また、監護親が依頼する手続代理人弁護士はあくまで監護親の弁護士で、監護親の利益のために動く立場です。

　このような中、お子さんが自身の意見を表明することをサポートできるように、「子どもの手続代理人」というシステムがあります。お子さんに寄り添い、お子さんのために働く弁護士です。お子さんの意思を聞き取ることが目的になっているので、お子さんの年齢が一定以上（小学校高学年以上と言われています）である必要がありますが、未就学児に子どもの手続代理人が就いたケースもあるそうです。

　費用は両親が負担したり、あるいは日本弁護士連合会の委託援助が使用できますので、お子さん自身が弁護士費用を用意するようなことにはなりません。

　この制度は2013（平成25）年にできたのですが、あまり利用件数が多くはないのが現状ですので、多くの方に知っていただきたい制度です。

○手続代理人弁護士

　当事者の一方が依頼した弁護士です。調停を申し立てる前に依頼をした場合、申立人側であれば、弁護士の方で申立書を書いて裁判

所に提出しますし、調停にも同行するのが一般的です。

　弁護士の方針にもよりますが、調停の途中で依頼して、調停の途中から一緒に調停に出席することも可能です。

　あくまで私の意見なのですが、面会交流調停は、法律の世界でもマイナーといいますが、ザ・法律の問題！という分野ではありませんので、どうやって進めるかについて、弁護士の個人の個性や方針が色濃く出てしまう部分だと感じます。人の気持ちの部分が大きいので、ビジネスとも少し違います。

　そのような点から、可能であれば、弁護士無料相談等を利用して最低でも数人の弁護士に相談をした上で[*8]、最もご自身の方針や気持ちに合うと感じる弁護士に依頼するのがいいと思います。

Q2

面会交流について法律相談をしたいと思い、法律事務所に電話をしました。そうしたところ、理由も言われずに、相談を断られてしまいました。何がいけなかったのか、とても不安です。どういうことが考えられますか？

A〜H全パターン

面会交流の問題を取り扱っていない法律事務所だった場合や、利益相反の問題がある場合が考えられます。

　面会交流の問題は、前のＱ１のＡにも書きましたが、得意として積極的に相談を受けている弁護士と、そうではない弁護士に分かれ

ます。面会交流に限らずとも、弁護士ごとに「こういう案件の取扱いが多いです」、「こういう件が得意です」という分野があり、弁護士会のＨＰや、事務所・個人のＨＰ、弁護士検索サイト等で明示していることが多いです。参考にしてみてください。

また、弁護士は「利益相反」にならないように、相談をお受けする前に利益相反をチェックする必要があります。

具体的には、あなたよりも前に、あなたの配偶者（つまり相手方）から、面会交流についての相談を受けていた場合、弁護士は片方の味方にしかなることができません。あなたの相談も聞いてしまうと「利益相反」になってしまいます。

しかも、理由を述べることができません。「この前、あなたの配偶者から相談を受けたのでお断りします」とは守秘義務があるので言えません。

したがって、理由を述べず「申し訳ございませんが、○○様のご相談をお伺いすることは難しいです。」とお断りすることになります。

つまり、あなたが悪いというわけではないのです。

弁護士が少ない地域で、法律事務所の数が限られている場合や、広告が目につきやすい法律事務所等ではこのような問題がよく起きるようです。あまり気落ちしないで、他の法律事務所に法律相談を申し込んでください。

＊8　弁護士のポリシーの問題ですが、弁護士事務所を複数回って他の弁護士と比較されることをよしとされない方もおられます。そのような場合には、他の事務所に相談に行ったことは、積極的に言う必要はありません。弁護士には秘密を守る義務があるので、「あ、その人、うちの事務所にも相談に来たヨ！」と弁護士同士から情報が洩れることもありません。

　私に限っての話ですが、私は比較OK、セカンドオピニオンOKとしておりますので、怒ったりしません。自由に相談していただいて結構です。

第4章　面会交流の現場から～Q＆A～

> **コラム**
>
> ### 面会交流の場所設定の妙技①
>
> 　「月に１回程度面会をさせる」という取り決めは、いわば白地図状態で「会わせる」側の代理人弁護士としては注意を払いたい部分です。このような取り決め方で問題ないケースもあるのですが、そうではないケースも少なくありません。
>
> 　「どこで面会をするのか」と、場所ひとつを取っても、考えなければならないことがたくさんあります。
>
> ・連れ去りを避けられる環境
> ・安全確保
> 　→何かあったら周囲がすぐに気づく環境
> 　→場所自体が安全性の高い場所であること
> 　→運転に不安がある場合には現地集合・現地解散
> ・天候に左右されない環境
> 　→突然の事態に柔軟に対応するだけの信頼関係がない場合
> ・お子さんの年齢に合っていて楽しめる環境
> ・食事、水分補給、おやつ等はどうするか
> 　→お子さんのアレルギーなども確認
> ・お手洗いの充実度
> 　→「会いたい側」がそもそもおむつ替えできるか
> 　→男親が女児のトイレを見守れる環境があるか
>
> 　検討し・配慮する事項は際限なく、私自身全て網羅できる自信はないのですが、出来る限り不安要素を減らすことで、「会わせる側」も安心してお子さんを送り出せることになり

ます。場所に配慮した面会交流を何度か試し、それがスタイルとして確立してきた頃に、調停成立となるとより安心です。

　私がよくお勧めする場所はショッピングモールにある「室内型のキッズスペース」で、入り口が1つの場所（入り口でお金を払って、中に入るシステム）です。

　一度、調停を行っている最中の初回の面会交流で広々とした運動公園を提案されたことがあり、「会わせる側」の私の依頼者も、「子どもたちもそこは好きだからいいかな？」とおっしゃっていたのですが、ちょうどその時期が雨の多い季節で、屋内施設はゼロ。面会の日は休日で、事務所も閉まっており、急な連絡に対応できない可能性も大いにありました。しかもその運動公園にはなかなか立派なアスレチックや、じゃぶじゃぶ池があり、安全管理や着替えの点が不安になってしまったので、「代理人弁護士が心配性過ぎて、初回にその場所は止めて欲しがっている」と、変更をお願いしたことがあります。余計なお世話とは思いつつ、初回の面会交流でトラブルが起きてしまうと、なかなか2回目につなげることが難しくなります。

　調停委員には、「会わせる側」の親が反対したのではなく、その代理人弁護士が反対しているという点を強調していただき、「会いたい側」の提案を、「会わせる側」が闇雲に潰しているわけではない旨をなんとか伝えてもらいました。

第4章 面会交流の現場から〜Q&A〜

Q3 弁護士と話をしていて、その弁護士が私が相談している内容を「事件」「事件」というのです。私は何か悪いことをしたのでしょうか？嫌な気持ちになってしまいました。

A〜H全パターン

　「事件」は法律家の専門用語です。悪気がないので許してください。

　弁護士はご相談いただいている案件を「事件」と呼びます。面会交流事件、離婚事件、慰謝料請求事件、損害賠償請求事件、建物収去土地明渡請求事件等、あらゆる案件を「事件」という単位で呼びます。

　一般の方からすれば、「事件」というと、刑事事件、つまり、物を盗んだり、人に怪我をさせたり、そんな印象がありますよね。

　私自身、お客様から教えていただき、出来る限り「事件」とは言わず、「案件」というようにしているのですが、ついつい口が「事件」と言ってしまいます。

　何か悪いことをしたと思って発言しているわけではないので、心配しないでください。

Q4 面会交流調停は弁護士に依頼せず、自分で申し込めますか？

A・B（母）、C・D（父）、E（父）、G（母）

A はい、ご自身で申込（専門用語では"申立"といいます）ができます。家庭裁判所に直接行って申込書（専門用語では"申立書"といいます）をもらうこともできますし、裁判所の公式ＨＰに申立書のひな型が公開されていますので、それを使用することで申立てができます。

それ以外にも、

- 事情説明書（面会交流）
- 連絡先の届出書
- 手続の進行に関する照会回答書
- 全部事項証明書（戸籍謄本：市役所などの窓口で取れます）
- 印紙（お子様１人につき1,200円）
- 郵券（郵便切手。裁判所ごとに必要な切手の内訳が違いますので、裁判所に電話で確認するといいです。1,500円くらいです。）

等が必要になりますので、それらを準備して、裁判所に提出（郵送も可能です）していただければ、ご自身で申立てができます。

住所の情報や、それ以外でも相手に知られたくない情報がある場合には、少し専門的な対応が必要になるので、弁護士に法律相談をしていただくのが安全だと思います。（本書Ｑ９も参照してみてください）。

第4章 面会交流の現場から〜Q&A〜

コラム

面会交流の場所設定の妙技②

　面会交流の場所として、度々指定されるのがファミリーレストランです。私も、何度も立ち会ったことがあります。食事を楽しむという点は悪くないのですが（お子さんにアレルギーがないことが前提です）、お子さんの年齢によっては、途中で飽きてしまうかもしれないという不安要素があります。ファミリーレストランでゆっくりできるのは、「お茶する」楽しみを知っている世代からだと思います。

　「会わせる側」の親御さんが、ファミリーレストランでの面会を希望される場合、「会いたい側」は、万が一お子さんが飽きてしまったり、店内の混み具合によっては、予定時間を早めに切り上げてもいいか？と確認しておくのがいいと思います。

　この場合、「会わせる側」も、状況を理解して、「子どもを飽きさせるなんて面会交流の資格なし！」とは言わないようにお願いしたい部分です。そうでないと、飽きてしまって、つまらない思いをしているお子さんを、時間いっぱいまで留めなくてはならず、可哀そうです。

　ちなみに、ファミリーレストランで私が警戒するのは、入り口に設置されている小さなオモチャ売り場とガチャガチャです。これを、久しぶりに会った「会いたい側」の親御さんにおねだりするキッズがいたりします（そもそもあれは子ども心に刺さるように設置されています）。以前、おねだりに負けて1つだけ買ってあげてしまったところ、「会わせる側」

から強い抗議が入ってしまい、次回以降の面会交流の設定が極めて難航してしまった経験があります。この時は、私も内心「それくらいは許して〜！」と思いました。

Q5

面会交流調停にはどれくらいの費用がかかりますか？

A・B（母）、C・D（父）、E（父）、G（母）

- 収入印紙1,200円×お子様の人数分
- 切手約1,500円　がかかります。

裁判所に収める収入印紙はお子さん1人につき1,200円です。つまりお子さんが2人の場合には2,400円分の収入印紙（内訳は自由です）が必要になります。加えて、郵券、つまり郵便切手も収める必要があります。郵券については金額や内訳があるので、相手方の住んでいる地域の家庭裁判所に問い合わせしてください。郵券の金額は1,500円程度です。

意外に思われるかもしれませんが、当事者がご自身で調停を申し立てる場合、調停の費用はそれほど高くはありません。

公正証書を作成する場合と比べても安価です。

第4章　面会交流の現場から〜Q&A〜

Q6

調停の日時は、どのようにして決められるのでしょうか？こちらの希望は聞いてもらえるのでしょうか？

A・B（母）、C・D（父）、E（父）、G（母）

A　1回目の調停については、申立人側は裁判所に日時の希望を伝えることができますが、相手方は一方的に呼び出される形になります。2回目以降や、代理人弁護士が就いている場合は、別の決め方になります。

▷第1回目

|代理人弁護士を就けていない場合|

●申立人側

　申立書類一式（裁判所の公式HPでひな形が提供されています。Q8参照）の中にある「進行に関する照会回答書」に、予定が入ってしまっている日や、調停に来れない曜日等を記載しておくと、その日を外して、調停の日時（裁判所や弁護士はこれを「期日」と呼びます）を決めてもらえます。

　裁判所によって少し違いがありますが、申立書類一式の中に書いた電話番号に裁判所から電話がかかってきて、日時を話し合った上で決めることもあれば、裁判所から封筒が届いて、その中に決定した日時が書かれていることもあります。

●相手人側

　裁判所から郵便で調停申立書等、調停に関わる書類一式が送られ

てきます。その中に、期日通知書という書類が入っていて、第1回目の調停の日時が書かれています。

つまり、裁判所からの手紙を開けたら、「この日のこの時間に☆☆家庭裁判所で調停をやりますよ」と突然呼び出される形になります。

その日に都合がつかないということは申立人と違って十分あり得ますので、1回目に出られない場合には、速やかに期日通知書に書かれている家庭裁判所に電話をしてください。事情を伝えた上で、2回目以降は、こちらも出られる日に決めてもらうように調整を頼むことができます

裁判所に電話をする際には、期日通知書に記載されてる事件番号（令和☆年（家イ）第＊＊＊号：事件の特定に使ういわば事件のシリアルナンバーです）、自分の名前、担当書記官の名前を伝えると、スムーズです。

代理人弁護士を就けている場合

●申立人側

調停の日時をいつにするか、裁判所から代理人弁護士のところに連絡があり、弁護士と申立人本人で日程を調整して、弁護士から裁判所に日程の候補の日を連絡し、その後裁判所が日程を決めます。

●相手方側

早い段階で代理人弁護士が依頼を受けている場合には、1回目の調停から相手方側も出席できるように、1回目の調停の日時が決まる前に、弁護士から裁判所に連絡を入れ、相手方側の予定を確認した上で1回目を決めてもらえるように調整をお願いすることもでき

ます。

　弁護士が依頼を受けた段階で、1回目が決まっていて、弁護士が調停に出席できない場合には、1回目は申立人側だけ話を聞いてもらい、相手方側は2回目から参加する形にすることが一般的です。

▷ 2回目以降は

　調停の中で、「次回期日を決めましょう」と言われ、調停の席上で、次回の調停の日時を決めます。一度期日を決めた後で、「やっぱりダメでした」と変更することは簡単ではないので、きちんと手帳を持参して、きちんと予定が空いているか確認することが大切です。

Q7

面会交流調停は弁護士を頼んだほうがいいでしょうか？

A～H全パターン

A 　ケース・バイ・ケースだと思います。
　調停という手続きそのものが、一般の方が弁護士に依頼することなく、ご自身一人でも利用することができるように作られた手続きです。したがって、弁護士が必須というわけではありません。
　当然、弁護士に依頼すれば、面会交流調停の申立書や、面会交流に関する陳述書の作成等を弁護士が行いますので書面作成の点では安心で便利だと思います。特に、面会交流調停が面会交流審判に移

行した場合、書面での主張を求められることが通常ですので、その際に、法律的な書面を作成する専門家の弁護士は役に立ちます。

それ以外でも、面会交流の案件の取り扱いが多い弁護士は、面会交流についてのノウハウがありますから、面会についての様々な選択肢を提案したり、時には弁護士が面会に立ち会ったりしてくれるはずです。

一方で、弁護士に依頼した場合、数十万円の弁護士費用がかかります。

つまり、上記に書いた弁護士のサービスに数十万円を支払う価値を感じられるか否かで判断していただくといいと思います。

私はこのような質問をいただくと、「朝の通勤ラッシュの湘南新宿ラインに乗って新宿に行くとして、普通車に乗るか、料金を払ってグリーン車に乗って座っていくかの違いだと思います。快適さが全然違います。ただし、時々、弁護士を就けていないことで、新宿まで行けず、赤羽で降りる羽目になることもないわけではありません。例えば、相手は弁護士を就けていて、調停全体がそちらの流れに丸め込まれるように感じられる場合です。そういう時は、弁護士を就けたほうがいいと思います。」と申し上げています。

強いて言うのであれば、面会交流に関する陳述書は必要なことがきちんと書けているか、弁護士にチェックしてもらうほうがいいと思います。

第4章　面会交流の現場から〜Q&A〜

> **コラム**
>
> ### 面会交流の日時設定の妙技
>
> 　面会交流をするお子さんが保育園に通園している場合ですと、保育園での「お昼寝」の時間があるので、土日でもその時間は眠くなってしまうというリズムが習慣付いていることが多いです。離れて暮らす側は、そのリズムが分からなくなっていることもあるので、そこはきちんと確認して知る必要があります。
>
> 　そうなると、保育園児の面会交流は10時〜12時（あるいはそこにお昼ご飯を加えるか）の午前中や、お昼寝が終わった後の夕方15時〜17時等に設定することが多いです。
>
> 　また、日曜日よりは、土曜日がお勧めです。久しぶりの面会交流で、帰宅後も興奮してしまい寝る時間が遅くなってしまうケースも散見されるからです。
>
> 　一方で、夫婦共働きの場合、「会わせる側」の親も日曜日にしかお子さんとゆっくり過ごす時間がない！土日は習い事で埋まっている！なんていう問題も発生します。
>
> 　「会わせる側」の親御さんは、面会交流予定の日は、お子さんたちの体調に気を付けて、お子さんを機嫌のいい状態にして、引き渡して、面会交流の後は、遊び疲れたお子さんをなだめながら、翌日の準備をするのがとても大変とおっしゃることが多いです。
>
> 　このような場合、時々私が提案させていただくのは、平日の面会交流です。
>
> 　保育園や学童に「会いたい側」の親御さんが迎えに行き、

宿題をみてあげたあと、夕食を共にして、場合によってはお風呂にも入れて、「あとは寝るだけ」の状態にできるだけ近づけて、「会わせる側」の親御さんに引き渡す。習い事の付添いもいいかも知れません。特別感のある面会交流ではないかも知れませんが、お子さんの日常に近い顔が見られますし、「会わせる側」の親御さんにも一呼吸入れていただくことができます。

　お子さんの急な発熱の時に、「会いたい側」の親御さんが仕事を休む・早退して看病することもあるという形を取っているご家庭もあります。

　もはや面会交流という単語は似つかわしくないかもしれませんが、「役に立つ？助かる？」面会交流もあっていいのではないでしょうか？

Q8 面会交流調停の申立書の書き方を知りたいです。
A・B（母）、C・D（父）、E（父）、G（母）

A 裁判所の公式HPにひな形がありますので、それを利用することをお勧めしています。

◎申立書（裁判所用の正本・相手方用の副本）
◎事情説明書
・進行に関する意見書
・送達場所の届出書
・全部事項証明書（戸籍謄本）
・収入印紙・郵券

を用意する必要がありますが、◎申立書と◎事情説明書は、相手方が目にすることを前提に記載してください（正確には申立書は裁判所から相手に郵送されますが、事情説明書は相手が裁判所にコピー・閲覧を申し込まないと見れられません）。

上記の書類に加えて、以前、面会交流調停を行っていて既に調書がある場合や、公正証書で面会について取り決めをしている場合には、それも添付するといいでしょう。

1点大切なことなのですが、<u>上記の書類については「きちんとご自身の分として控えのコピーを残しておくようにしてください」</u>。意外と、裁判所に送ってしまって、手元にはないです！という方がいらっしゃいます。

【申立書】

　申立書の□欄にチェックを付けていく形で作成してください。

　「面会交流の取り決めについて」で「(2)　取決めの内容」が枠内に収まらない時（書面で取り決めている場合には、申立書にその書面のコピーを同封すればいいのですが、口頭の場合には説明が必要です）には、「別紙のとおり」として別紙を3枚目以降に付けることも可能です。

　その他、書ききれないことは、同じように別紙に記載する方法がありますが、相手が見る書類であることから、特に別紙を付ける場合には、書き方を弁護士に相談に相談する方がいいと思います。

【事情説明書】

　こちらも相手が見る可能性がある書類ということを前提に、□欄にチェックを付けていく形で作成してください。

　上記の申立書と同じように、書きたいことが自由記載欄の枠内に収まらない時には、「別紙のとおり」として別紙を2枚目以降に付けることも可能です。

　記載内容ですが、「年月日、場所、時間、誰が誰にどうしたか」を軸に、「こういう事実があった」、「こういう発言があった」等、客観的なこと記載することをお勧めします。

第4章　面会交流の現場から～Q＆A～

〔申立書〕東京家庭裁判所ＨＰより

この申立書の写しは，法律の定めるところにより，申立ての内容を知らせるため，相手方に送付されます。

	受付印	家事	□ 調停 □ 審判	申立書	子の監護に関する処分 （面会交流）

（この欄に未成年者1人につき収入印紙1,200円分を貼ってください。）

収入印紙　　　円
予納郵便切手　　円

（貼った印紙に押印しないでください。）

家庭裁判所 　　　　　御中 令和　　年　　月　　日	申　立　人 （又は法定代理人など） の記名押印		印

添付書類	（審理のために必要な場合は，追加書類の提出をお願いすることがあります。） □ 未成年者の戸籍謄本(全部事項証明書) □	準口頭

申立人	住　所	〒　　－ （　　　　　　方）	
	フリガナ 氏　　名		昭和 平成　年　月　日生 （　　歳）

相手方	住　所	〒　　－ （　　　　　　方）	
	フリガナ 氏　　名		昭和 平成　年　月　日生 （　　歳）

未成年者	住　所	□ 申立人と同居　／　□ 相手方と同居 □ その他（　　　　　　　　　）	平成 令和　年　月　日生 （　　歳）
	フリガナ 氏　　名		
	住　所	□ 申立人と同居　／　□ 相手方と同居 □ その他（　　　　　　　　　）	平成 令和　年　月　日生 （　　歳）
	フリガナ 氏　　名		
	住　所	□ 申立人と同居　／　□ 相手方と同居 □ その他（　　　　　　　　　）	平成 令和　年　月　日生 （　　歳）
	フリガナ 氏　　名		
	住　所	□ 申立人と同居　／　□ 相手方と同居 □ その他（　　　　　　　　　）	平成 令和　年　月　日生 （　　歳）
	フリガナ 氏　　名		

（注）太枠の中だけ記入してください。□の部分は，該当するものにチェックしてください。

面会交流（1/2）

この申立書の写しは，法律の定めるところにより，申立ての内容を知らせるため，相手方に送付されます。

(注) □の部分は，該当するものにチェックしてください。

申　立　て　の　趣　旨
（ □申立人 ／ □相手方 ）と未成年者が面会交流する時期，方法などにつき （ □調停 ／ □審判 ）を求めます。

申　立　て　の　理　由
申　立　人　と　相　手　方　の　関　係
□ 離婚した。　　　　　　　　　　　その年月日：平成・令和＿＿年＿＿月＿＿日 □ 父が未成年者＿＿＿＿＿＿＿＿を認知した。 □ 婚姻中→監護者の指定の有無　□あり（□申立人　／　□相手方）　／　□なし
未成年者の親権者（離婚等により親権者が定められている場合）
□ 申立人　／　□ 相手方
未　成　年　者　の　監　護　養　育　状　況
□ 平成・令和　　年　　月　　日から平成・令和　　年　　月　　日まで 　　　　□申立人　／　□相手方　／　□その他（＿＿＿＿）のもとで養育 □ 平成・令和　　年　　月　　日から平成・令和　　年　　月　　日まで 　　　　□申立人　／　□相手方　／　□その他（＿＿＿＿）のもとで養育 □ 平成・令和　　年　　月　　日から現在まで 　　　　□申立人　／　□相手方　／　□その他（＿＿＿＿）のもとで養育
面　会　交　流　の　取　決　め　に　つ　い　て
1　当事者間の面会交流に関する取決めの有無 　　　□あり（取り決めた年月日：平成・令和＿＿年＿＿月＿＿日）　□なし 2　1で「あり」の場合 (1) 取決めの方法 　　□口頭　□念書　□公正証書　　　　＿＿＿＿家庭裁判所＿＿＿＿（□支部/□出張所） 　　□調停　□審判　□和解　□判決　→　平成・令和＿＿＿年（家＿＿）第＿＿＿号 (2) 取決めの内容 　　（＿＿＿＿＿＿＿＿＿＿＿＿＿＿＿＿＿＿＿＿＿＿）
面　会　交　流　の　実　施　状　況
□ 実施されている。 □ 実施されていたが，実施されなくなった。（平成・令和＿＿年＿＿月＿＿日から） □ これまで実施されたことはない。
本　申　立　て　を　必　要　と　す　る　理　由
□ 相手方が面会交流の協議等に応じないため □ 相手方と面会交流の協議を行っているがまとまらないため □ 相手方が面会交流の取決めのとおり実行しないため □ その他（＿＿＿＿＿＿＿＿＿＿＿＿＿＿＿＿＿＿＿＿）

面会交流（2/2）

第4章 面会交流の現場から~Q&A~

〔事情説明書〕東京家庭裁判所HPより

事情説明書（面会交流）

この書類は，申立ての内容に関する事項を記載していただくものです。あてはまる事項にチェックをつけ（複数可），具体的な理由，事情等を記入して，申立ての際に提出してください。
なお，この書類は，相手方には送付しませんが，相手方から申請があれば，閲覧やコピーが許可されることがあります。

1	それぞれの同居している家族について記入してください（申立人・相手方本人を含む。）。	申立人（あなた）				相 手 方			
		氏　名	年齢	続柄	職業等	氏　名	年齢	続柄	職業等
				本人				本人	

2	調停・審判ではどんなことで対立すると思われますか。	☐ 面会交流の実施　☐面会交流の頻度　☐面会交流の内容（時間，場所，方法など） ☐ その他（　　　　　　　　　　　　　　　　　　　　　　　　　　　）
3	面会交流の実施状況について	1　これまで面会交流は行われてきましたか。 　　☐ はい（→2に進んでください）　　☐ いいえ（→3に進んでください） 2　1で「はい」と答えた方におうかがいします。 　(1) いつからいつまで行われていましたか。 　　　平成／令和＿＿＿年＿＿＿月＿＿＿日～平成／令和＿＿＿年＿＿＿月＿＿＿日 　(2) どのような頻度で面会交流を行っていましたか。 　　　☐ 定期的（　週 / 月 / 年　に　＿＿＿回） 　　　☐ 不定期（＿＿＿＿＿＿＿＿＿＿＿＿＿＿＿＿＿＿＿＿＿） 　(3) 面会交流の時間はどのくらいでしたか。 　　　＿＿＿時～＿＿＿時まで，1回＿＿＿時間くらい 　(4) 行ってきた面会交流の具体的な内容 　　　☐ 会う（日帰り・宿泊）　☐ 電話やビデオ通話等　☐ 手紙 　　　☐ プレゼントの送付 　　　☐ 学校行事等への参加　☐ その他（＿＿＿＿＿＿＿＿＿＿＿＿） 　(5) 面会交流が行われなくなった場合には，その事情を簡単にお書きください。 〔　　　　　　　　　　　　　　　　　　　　　　　　　　　　　　　〕 3　1で「いいえ」と答えた方におうかがいします。面会交流が行われていない事情を簡単にお書きください。 〔　　　　　　　　　　　　　　　　　　　　　　　　　　　　　　　〕
4	お子さんは，面会交流についてどのような考えや気持ちだと思われますか。	☐ 面会交流について，以下のような考えや気持ちだと思われる。 〔　　　　　　　　　　　　　　　　　　　　　　　　　　　　　　　〕 ☐ 分からない

104

2　面会交流Q＆A

| 5　お子さんの生活状況について教えてください。（分かる範囲でご記入ください。）※お子さんが複数いて，この欄に書ききれない場合には，適宜の用紙を足してください。 | 1　お子さんの様子　□分からない
(1)　睡眠：　　　□眠れている　□よく目を覚ます　□その他（　　　　）
(2)　食欲：　　　□食欲がある　□食欲が落ちている　□その他（　　　　）
(3)　身長体重の伸び：□順調　□滞りが見られる（　　　　　　　　）
(4)　気持ち：　　□安定　□些細なことで泣く，怒る　□その他（　　　）
(5)　健康や発達面：□良好　□通院・通所中（診断名：　　　　　　　　）

2　学校，保育園，幼稚園の出席状況　　　□分からない
　□ほぼ出席している　□たまに休む　□頻繁に休む　□まだ就園していない

3　お子さんが今興味関心を持っていること，好きなこと　□分からない
〔　　　　　　　　　　　　　　　　　　　　　　　　　　　　　　　　　〕

4　お子さんのサポート
(1)　婚姻費用または養育費の支払い状況
　□なし　□あり（平成・令和　　年　　月から月　　　　円）
(2)　お子さんのために，あなたが気を付けていること，配慮したいと考えていること
〔　　　　　　　　　　　　　　　　　　　　　　　　　　　　　　　　　〕
(3)　普段，両親以外にお子さんをサポートしてくれる人はいますか。どんなサポートを受けていますか。
　　　（例；祖父母，担任や習い事の先生，お子さんの友達の保護者など）
〔　　　　　　　　　　　　　　　　　　　　　　　　　　　　　　　　　〕 |
| 6　今後の面会交流を実施する場合は，どのような方法が考えられますか。 | ※お子さんと一緒に暮らす親御さんを「同居親」，離れて暮らす親御さんを「別居親」と書きます。
1　同居親から別居親に，お子さんの○○を送る
　□写真　□動画　□近況の報告　□健康診断の記録の写し
　□通知表の写し　□作品を撮影したもの　□その他（　　　　　　　）

2　別居親からお子さんへの○○を，同居親が受け取り，お子さんに渡す
　□手紙やカード　□プレゼント（□誕生日　□クリスマス）
　□その他（　　　　　　　　　）

3　親子の交流の仕方
　□ＳＮＳやメールによるやり取り　□ビデオ通話を利用した交流　□電話
　□別居親が子の行事に参加する
　　□学校行事　□習い事の発表会や試合等　□その他（　　　　　　　）
　□会う
　　□公園　□レストラン　□映画館　□動物園や水族館　□遊園地
　　□買い物　□イベントへの参加　□キャンプへの参加　□別居親の家
　　□その他（　　　　　　　　　）
　□宿泊を伴う面会
　　宿泊先：□宿泊施設　□別居親の家　□その他（　　　　　　　　）

4　1～3の交流の際に，父母以外の協力や援助が必要な場合
　□協力・援助する人や機関：□第三者機関　□親族　□弁護士
　　□その他（　　　　　　　　　）
　□協力・援助の種類：□連絡調整　□受渡し　□付添い
　　□その他（　　　　　　　　　） |

最高裁ホームページ（「最高裁　ビデオ」や「最高裁　パンフレット」で検索できます。）では，離婚や面会交流をめぐる調停手続に関する情報提供を行っています。第1回調停期日を迎える前に，ご覧ください。
以下のうち，ご覧になったものについて，チェックをつけてください。

□リーフレット「お子さんのすこやかな成長のために～家事調停を利用されるお父さん・お母さんへ～」
□リーフレット「面会交流のしおり－実りある親子の交流を続けるために－」
□最高裁配信の動画「子どもにとって望ましい話し合いとなるために」
□最高裁配信の動画「離婚をめぐる争いから子どもを守るために」

令和　　年　　月　　日　　申立人　　　　　　　　　印

第4章 面会交流の現場から～Q＆A～

〔進行に関する照会回答書〕東京家庭裁判所ＨＰより

進行に関する照会回答書（申立人用）　【共通】

> この書面は，調停を進めるための参考にするものです。あてはまる事項にチェックを付け（複数可），具体的な理由・事情等を記入して，申立ての際に提出してください。審判を申し立てた場合にも，調停手続が先行することがありますので提出して下さい。
> **この書面は，相手方には見せない取扱いになっています。**

1	この申立てをする前に相手方と話し合ったことがありますか。	□ ある。（そのときの相手方の様子にチェックしてください。） 　□ 感情的で話し合えなかった。　　□ 冷静であったが，話合いはまとまらなかった。 　□ 態度がはっきりしなかった。　　□ その他（　　　　　　　　　　　　） □ ない。（その理由をチェックしてください。） 　□ 全く話合いに応じないから。　　□ 話し合っても無駄だと思ったから。 　□ その他（　　　　　　　　　　　　　　　　　　　　　　　　　　　　）	
2	相手方は裁判所の呼出しに応じると思いますか。	□ 応じると思う。 □ 応じないと思う。 □ 分からない。	（理由等があれば，記載してください。）
3	調停での話合いは円滑に進められると思いますか。	□ 進められると思う。 □ 進められないと思う。 □ 分からない。	（理由等があれば，記載してください。）
4	この申立てをすることを相手方に伝えていますか。	□ 伝えた。 □ 伝えていない。 □ すぐ知らせる。　　□ 自分からは知らせるつもりはない。　　□ 自分からは知らせにくい。	
5	相手方の暴力等がある場合には，記入してください。	1 相手方の暴力等はどのような内容ですか。 　□大声で怒鳴る・暴言をはく。　□物を投げる。　□殴る・蹴る。　□凶器を持ち出す。 　(1) それはいつ頃のことですか。 　　　　　　　　頃　から　　　　　　　　　頃　まで 　(2) 頻度はどのくらいですか。 　　　　　　　　回 2 相手方の暴力等が原因で治療を受けたことはありますか。 　□ない　□ある（ケガや症状等の程度　　　　　　　　　　　　　　　　　　　　） 3 配偶者暴力に関する保護命令について，該当する場合にはチェックしてください。 　□申し立てる予定はない。　□申し立てる予定である。 　□申し立てたが，まだ結論は出ていない。　□申し立てたが，認められなかった。 　□認められた。　※保護命令書の写しを提出してください。 4 相手方の調停時の対応について 　□裁判所で暴力を振るう心配はない。 　□申立人と同席しなければ暴力を振るうおそれはない。 　□裁判所職員や第三者のいる場合でも暴力を振るう心配がある。 　□裁判所への行き帰りの際に暴力を振るうおそれがある。 　□裁判所に刃物を持ってくるおそれがある。 　□裁判所へ薬物，アルコール類を摂取してくるおそれがある。	
6	調停期日の差し支え曜日等があれば書いてください。 ※調停は平日の午前または午後に行われます。	申立人の　□ 希望曜日　　　　　　　　　　　　　　曜日　午前・午後 　　　　　　（ご希望に沿えない場合もございます。予めご了承下さい。） 　　　　　　□ 差し支え曜日　　　　　　　　　　　曜日　午前・午後 　　　　　　（すでに差し支えることがわかっている日→　　　　　　　　　　　） 相手方の　□ 希望曜日　　　　　　　　　　　　　　曜日　午前・午後 　　　　　　□ 差し支え曜日　　　　　　　　　　　曜日　午前・午後 　　　　　　（※分からなければ記載しなくてもかまいません。）	
7	裁判所に配慮を求めることがあれば，その内容をお書きください。		

令和　　年　　月　　日　　申立人　　　　　　　　　　印

〔送達場所の届出書〕東京家庭裁判所HPより

事件番号　令和　　年（家　）第　　号

送達場所の届出書　（□変更届）

さいたま家庭裁判所　御中

　　　　　　　　　　　　　　　　　　　　　　令和　　年　　月　　日

平日昼間の連絡先
- 携帯電話番号：＿＿＿＿＿＿＿＿＿＿＿＿＿＿＿＿
- 固定電話　番号（□自宅／□勤務先）：＿＿＿＿＿＿＿＿＿＿＿＿＿＿＿
- □　どちらに連絡があってもよい。
- □　できる限り、□携帯電話／□固定電話への連絡を希望する。

　　　　　　　　　　　　　氏　名　＿＿＿＿＿＿＿＿＿＿＿＿㊞

送達場所	□　申立書に記載の住所
	□　申立書に記載の住所以外の場所（以下のとおり） 〒　　－ ＿＿＿＿＿＿＿＿＿＿＿＿＿＿＿＿＿＿＿＿＿＿＿ ＿＿＿＿＿＿＿＿＿＿＿＿＿＿＿＿＿＿＿＿＿＿＿ 　　　　　　　　　　　　　　　（　　　　方） □
あなたと送達場所との関係	□　住居所　　　□　勤務先 □　その他（　　　　　　　　　　　　　　　　　　　） ※　「その他」の場合は、（　）内に関係を具体的に記載してください。
送達受取人	＿＿＿＿＿＿＿＿＿＿＿＿＿＿＿＿＿＿＿＿＿＿＿ ※　あなたと送達場所との関係が「その他」の場合は必ず記載してください。

集合住宅の場合は**部屋番号**まで、勤務先の場合は**社名・店名**まで記載してください。

送達場所として届け出た場所宛てに裁判所が書面を送達したところ、不在や転居等の理由により実際に受領しなかったときでも、その書面を受け取ったものとして扱われることがありますので、注意してください。

第4章　面会交流の現場から〜Q&A〜

Q9 相手に見られては困るけど、裁判所には知っておいて欲しい証拠がある場合、何か方法はありますか？

「非開示の希望に関する申出書」を使用する方法があります。

まず、相手には見られては困る情報が、「住所や電話番号」の場合、申立書やその他の証拠に、記載しないようにしてください。

ただし、裁判所があなたと連絡を取る必要があるので、申立書やその他の証拠に書かなかった「住所や電話番号」は、「連絡先等の届出書」の書類にはきちんと書いて、「□非開示希望」の□にチェックを入れるようにしてください。

「住所や電話番号」ではないもので、相手に見られたくないものの、裁判所には見てもらいたい場合、「非開示の希望に関する申出書」(109ページ) という書類を準備し、それと証拠をホチキス止めして提出します。

ただし、こちらについては、「非開示の希望に関する申出書」を出したとしても100％確実に非開示、つまり相手に見せないものになるかは分からないので、その点も検討した上で提出してください。

なお、調停の段階で非開示が認められていた書類について、面会交流調停が面会交流審判に移行した場合、「裁判官が非開示の書類を、非開示のまま見て判断をしてくれるのか、非開示ものは裁判官も見ていないことにするのか」については不明確です。私は都度、

2　面会交流Q＆A

書記官に裁判官の方針を確認して、非開示のものを、開示として再度提出する必要性を検討しています。

〔非開示の希望に関する申出書〕東京家庭裁判所ＨＰより

＊　この用紙はコピーして使用してください。＊

令和　　年（家　）第　　　号

非開示の希望に関する申出書

> ＊　提出する場合には、非開示を希望する書面ごとにこの申出書を作成し、本申出書の下に、ステープラー(ホチキスなど)で留めて一体として提出して下さい(ファクシミリ不可)。本申出書がない場合、非開示の希望があるものとは扱われません。
> ＊　非開示を希望しても、裁判官の判断により、開示されることがあります。

1　別添の書面については、非開示とすることを希望します。
　　※　資料の一部について非開示を希望する場合、その部分が分かるようにマーカーで色付けするなどして特定してください。

2　非開示を希望する理由は、以下のとおりです。
　　※　当てはまる理由にチェックし、カッコ内に具体的に記載してください（複数選択可）。
　□　事件の関係人である未成年者の利益を害するおそれがある。
　　（理由：　　　　　　　　　　　　　　　　　　　　　　　　　　　　　　）
　□　当事者や第三者の私生活・業務の平穏を害するおそれがある。
　　（理由：　　　　　　　　　　　　　　　　　　　　　　　　　　　　　　）
　□　当事者や第三者の私生活についての重大な秘密が明らかにされることにより、その者が社会生活を営むのに著しい支障を生じるおそれがある。
　　（理由：　　　　　　　　　　　　　　　　　　　　　　　　　　　　　　）
　□　当事者や第三者の私生活についての重大な秘密が明らかにされることにより、その者の名誉を著しく害するおそれがある。
　　（理由：　　　　　　　　　　　　　　　　　　　　　　　　　　　　　　）
　□　その他（具体的な理由を書いてください。）

（左側：ステープラー（ホチキスなど）で留めて下さい。）

令和　　年　　月　　日
氏　名　　　　　　　　　　　印

＊　本書面は、**非開示を希望する書面がある場合に限り提出**してください。

第4章　面会交流の現場から〜Q＆A〜

> **コラム**
>
> ### 面会交流支援団体
>
> 　面会交流支援団体には、私も何度か見学に行き、さらに自分の依頼者が実際に利用してお世話になったことも複数あるので、とても助けてもらっています。
>
> 　最近は、面会交流支援団体の利用を前提とした調停調書等の作成も可能になっています。
>
> 　団体の運営方針にもよりますが、調停が係属していて代理人弁護士が就いている段階から、つまり成立前の段階から、前倒しする形で利用させていただけることもあるので、相談してみると、より成立後の安心感が増すと思います。
>
> 　代理人弁護士は調停成立後もずっと見守れるわけではないので、このような支援団体が増え、利用しやすくなることを願っています。同時に、極めて大変なサポートを担ってくださっている団体なので、ボランティア精神に依存するのではなく、きちんと経済的な利益もあって欲しいと思います。
>
> 　面会交流支援団体については、199ページ以下を参照してください。

Q10

面会交流調停に臨む際、言いたいことを忘れてしまわないように、手控え（メモ）を持って行っても大丈夫ですか？また調停の最中にメモや録音をすることはできますか？

A
- 手控え（メモ）の持参　：OKです
- 調停の最中にメモ　　　：OKです
- 録音・録画　　　　　　：禁止です！

調停に出る際、手控えを持参することは全く問題ありません。

私は弁護士ですが、時系列表や伝えたいことはチェックリストのように手控えにして持参しています。また、調停の最中にメモを取ることも可能です。

特に調停の後半では、「次回の調停の日時」と「次回の調停までに準備することや検討すること（私は次回までの"宿題"と呼んでいます）」を、調停委員に確認しながらメモするようにしています。

調停というシステムは良くも・悪くも、口頭ベースで進みます。書面ベースで進む裁判や審判とは違う部分です。したがって、悪気があるわけではなく、伝言の仕方の問題で、こちらに伝わっている情報・指示と、相手方に伝わっている情報・指示にズレが生じてしまうこともあります。

ということで、確認をしながらメモ！は、次回の調停も実りがあるものにするために大切です。

第4章　面会交流の現場から〜Q＆A〜

> **コラム**
>
> ### 面会交流の連絡方法
>
> 　「月に1回程度面会をさせる」とだけ決めても、いやいや、その連絡をまずどうするのよ？というのが面会の大きな問題です。連絡がスムーズにできるご家庭では問題がありませんが、そうではないから、代理人弁護士に依頼したり、調停や審判になっているわけです。
>
> 　ということで、どのような連絡手段で面会交流の日程調整をするのかが、実は大きな問題になります。
>
> 　相手と直接電話やメールをするのが精神的につらいという方も多く、親族（多くは自身の親）に連絡係を頼むことも多いです。一方で、別れた配偶者の親と連絡を取りたくないという感情も理解できます（子どもに会いたいんだったら、その苦痛くらい乗り越えろという意見が出ることも理解できます）。
>
> 　代理人弁護士が就いているうちは、連絡係になれるので問題がないのですが、代理人弁護士が永久に就いているわけではないので、連絡方法として永久ではないのです。
>
> 　十数年前は実は、手紙での連絡が多かったです。
>
> 　メールや電話とちがって、手元の携帯電話がいつ鳴るか分からないという不安感が少ないというのが理由です。
>
> 　最近では、手紙が届くのが少し遅くなったこともあり、あまり人気ではありません。
>
> 　現在私がお勧めしているのは、面会交流調整の無料アプリ（Q27参照）です。このアプリのいいところは、面会につい

ての申し入れ等が「定型文」になっていて、「自由記載文」が少ないことです。アプリが事前に準備している定型文ですので、相手の個人的な感情が入る余地が少なく、感情を乱される可能性がかなり減らされています。この定型文システムがメールとは違って、とってもいい部分だと感じます。

　代理人弁護士が就いているうちに、このアプリを当事者双方にダウンロードしてもらい、なにかトラブルが起きれば代理人弁護士がフォローしつつ、このアプリの使い方に慣れてもらって、調停が終わる頃には自分たちで調整ができるように、ソフトランディングできるようになると、代理人弁護士も安心して見送ることができます。調停条項でもアプリを使うという形で書いていただくことが多いです。

Q11

調停の中で相手に伝えて欲しいこと、逆に、調停委員には話したけれども、相手に伝えて欲しくないことの希望を出すことはできますか？

A 希望を出すことはできます。
　相手に伝えて欲しいことについては、当然内容を調停委員が検討しますので、（例えばですが「相手に一言『バカ』と伝えてください」という伝言は受け入れられないでしょう。一方で、「来月、小学校の旗振り当番なんだけど、旗は○○くんの家から受

け取ってください」等は受け入れられるでしょう）全て、言葉のままに伝えてもらえるわけではありません。オブラートに包まれることもあると思います。

　逆に、相手に伝えて欲しくない情報については、調停委員に伝えて欲しくないことをきちんと伝えれば、ミス的なものが生じない限り尊重してもらえることが通常です。

Q12 面会交流調停で必ず聞かれる質問はありますか？

A 　調停での質問はケース・バイ・ケースですが、経験上以下の事項については聞かれることが多いです。

① 結婚した日、お子さんが生まれた日、別居した日、最後に会った日の日付等、大きな出来事の年月日
② 同居していた時のお子さんとのかかわり方
③ 別居後も面会ができていたのであればその時の様子・状況
④ お子さんと最後に会った時の様子・状況
⑤ お子さんと会えなくなった理由
⑥ お子さんとどのような交流を希望しているか

　これらについては、手控えにメモをしておくことをお勧めいたします。

　特に③④については、「令和☆年☆月☆日、場所、時間、その場にいたメンバー」等、さっと答えられるようにしておくといいと思

います。

　調停は時間が短いので、「ええっと……昔のLINEの履歴を見れば、日付が分かるんですが～……」というのは、もったいないです！

　また、第1回目の調停の際に、裁判所が公開している「子どものいる夫婦の離婚や面会交流に関する動画」を視聴するように促されることや、既に視聴済であるか確認の上で感想を聞かれる場合もあります。動画についてはQ22（135ページ）を参照してください。

Q13

相手から夫婦関係調整調停（離婚）の申立てが来たのですが、こちらはそれに対して面会交流調停を申し立てても変ではありませんか？

A・B（母）、C・D（父）、E（父）、G（母）

問題ありません。申し立てして大丈夫です。

　相手（つまり配偶者）の方にお子さんがいる形で別居している中で、相手が離婚を希望して夫婦関係調整調停（離婚）、つまり離婚調停を申し立てて来たとします。

　こちらには申立書が郵便で届くのですが、その中には相手が調停で話合いたいと希望するメニュー（正確には"申立ての趣旨"）が書かれています。

- 離婚
- 親権
- 養育費
- 面会交流
- 財産分与
- 慰謝料
- 年金分割

が一般的なメニューなのですが、相手が話合いたいメニューだけが

書かれている（あるいは○がされている）ことが通常ですので、面会交流について言及がない場合等[*9]は、積極的にこちらから面会交流調停の申立てをする必要があります。

通常、離婚調停の日と同じ日・同じ時間に面会交流調停も併せて開いてもらえますので、月に２度裁判所の調停に出廷することになる可能性は低いです。

ちなみにですが、

　　　妻　→夫婦関係調整調停（離婚）　→　夫
　　　妻　→婚姻費用分担請求調停　　　→　夫
　　　妻　←面会交流調停　　　　　　　←　夫

このように３つの調停を一度にやるような件は珍しくありません。

Q14

離婚調停と面会交流調停を一緒に申し立てることはできますか？

　　　　　A・B（母）、C・D（父）、E（父）、G（母）

できます。

離婚調停＋面会交流調停の申立ては可能ですし、離婚調停＋面会交流調停＋婚姻費用分担請求調停も可能です。

監護親側から、離婚調停＋婚姻費用分担請求調停が申し立てられ、それに対して、後から非監護親が面会交流調停を起すというケースが多いかもしれません。

調停が２本立てになっても３本立てになっても、基本的には同じ

日、同じ時間で調停を行います。3本立てとなると、時間がタイトになるので、調停委員側も話合いのテーマの順番や優先順位を検討した上で、進行をしてくれることが通常です。

特に、離婚について、離婚そのものや、親権に争いがある場合、調停に時間がかかることが想定されます。そのような場合には、

- 日々の生活を支える生活費なので緊急性が高い

- 面会が確実にできるとなれば親権についての争いがなくなる可能性がある

このように処理されることが多いです。

＊9　少し難しい話になりますが、離婚調停の申立書の中で「面会交流」に○が付いていたとしても、これはあくまで離婚調停の中で（離婚調停の土俵の上で）面会交流について話し合うだけになります。つまり離婚調停が不調になった場合には、土俵が消えてしまうので、面会交流について話し合う場所も一緒に消えてしまうことになります。そういうことも考えて、きちんとこちら側から面会交流調停を申し立て、面会交流についての土俵を築いておくことも大切だと思います。

　ただし、ややこしい話なので、離婚調停が不調になれば、面会についての話もできなくなってしまうから、面会交流調停も起こしたほうがいいですよと調停委員がフォローしてくれると思います。

第4章　面会交流の現場から～Q&A～

＊＊改正民法（765条1号2項）＊＊

　1点大切なこととして、改正民法では、離婚を急ぐあまり、本意ではない共同親権に応じてしまうようなことがないように、離婚と親権を切り離して（これまでは、離婚に当たっては必ず同時に親権者も決めなければなりませんでした）、<u>先に離婚をし、後でじっくり親権について話し合いを求めることができるように条文が整備されました</u>。

　具体的には、親権について合意が調っていない場合でも、「親権者の指定を求める家事審判又は家事調停申立てがされている」場合には、親権者が決まっていない状態であっても離婚をすることができます。

Q15

調停待合室というのはどのような場所でしょうか？相手と会わずに済むようになっていますか？

A～H全パターン

◆相手とは会わない配慮がされています◆

　調停待合室は申立人が待っている部屋と、相手方が待っている部屋は分けられていて、<u>相手と同じ部屋で調停室に呼ばれるのを待つという事態は避けられるようになっています</u>。

　どこの部屋で待てばいいかは、裁判所から事前に指示があるのでそれに従ってください。

一般的な待合室は上記のとおりですが、相手と会ってしまうとトラブルになりそうな件の場合、事前に裁判所に相談をしておくと安全です。ここでは、安全のために具体的な運用方法は記載しませんが、裁判所ごとに違いはあるものの、より配慮をしてもらえるはずです。

　それでも、裁判所の入り口や駐車場で相手方と会ってしまう可能性はあるので、その場合についても裁判所に相談をしてください。

◆お部屋自体◆

　シンプルなお部屋にシンプルな長椅子が置かれているのが一般的です。裁判所によっては、本棚、ぬいぐるみ、ベビーベッドが置かれていることもあります。本棚に並ぶ本のバリエーションも様々ですが、面会交流に関わる絵本が複数置いてあることが多いので、よければ手に取って見ていただくといいと思います。とある家庭裁判所では漫画『家栽の人』が置いてあるのを見つけたことがあります。

　同様に、面会交流についてのビデオを流しているテレビが置かれている待合室も多いです。

　お部屋自体は混んでいることも多いので、あまり大きな声でお話することは控えた方がいいです。調停室には、当事者ご本人しか入れませんが、この待合室はご家族等も入ることができますので、調停に不安が強い方の場合には、ここのお部屋まではご家族に付き添ってもらう方もいらっしゃいます。

◆お部屋に入る前の受付方法は裁判所ごとに違います◆

　調停待合室ですが、「どうやって入ればいいの？勝手に入ってい

いの？」という悩みが出ることがあります。これは裁判所ごとに運用が異なっているので、実は弁護士でも間違えることがあります。

私が知っているのは以下のような形式です。

- 誰にも声をかけずに直接お部屋に行く裁判所
- 書記官室に行って名簿にチェックをしてもらってから、指示されたお部屋に行く裁判所
- 入り口で名前をカードに書いて、それを書記官室に提出して、指示されたお部屋に行く裁判所
- 調停を行うフロアの入り口に、裁判所の職員の机が出ていて、そこで受け付けをして指示されてお部屋に行く裁判所

このように色々あるのです。

Q16 調停にはどのような洋服を着て行くべきでしょうか？

A〜H全パターン

A 特に注意する必要はないと思いますが、気になる場合には、普段の仕事でスーツを着ている方はそれ、スーツを着ない方は、「きれいめ」な少しきちんとした洋服をお勧めしています。調停のために新しく洋服を買う必要はないと思います。

当然、体調や、前後の予定に合わせた無理のない洋服でも問題ありません。

夏は暑いので、クールビズで大丈夫です（裁判官もクールビスで

す）ので、きちんとしなければとスーツを着て、体調が悪くなってしまうようなことがないようにしてください。

Q17

調停の一般的なスケジュールを教えてください。
A～H全パターン

調停は午前スタートと、午後スタートの二部制になっていることが一般的です。

具体的なスケジュールのイメージは、
① 申立人が調停室に入って話をする（15分〜30分程度）
② 相手方が調停室に入って話をする（　　〃　　）
③ 申立人が調停室に入って話をする（　　〃　　）
④ 相手方が調停室に入って話をする（　　〃　　）

このような感じですが、さらに⑤⑥⑦……と続くこともありますし、時間についても、待合室で1時間程度待つことも珍しくありません。

時間がかかっているときは何が行われているのか？というご質問をいただくことは珍しくないのですが、Q1（80ページ）で書きました評議を入れるために、裁判官が来るのを待っている（裁判官は同じ日・同じ時間帯にいくつも調停を担当し、縁の下の力持ちをしているので、裁判官待ち！の状態が生じます）場合や、相手の当事者の話をよく聞いている場合があります。

相手に時間を多く取っている場合、えこ贔屓があるのではないか？と心配になるかもしれませんが、こちらの意見に合わせるよう

に、調停委員が時間をかけて話をして説得してくれている場合もあり得ますので、あまり気にし過ぎないのがいいと思います。

一方で、ずっと待っているのに、全然調停室に呼ばれない！というのは、何らかの事務的なトラブルが生じている可能性が高いので、あまりにも長い時間呼ばれない場合には書記官室に行って状況を伝える必要があります。

> **コラム**
>
> ### 北風と太陽
>
> 面会交流の案件を扱っていると、上手くいかないことも多く、代理人弁護士という立場ながら、がっかり落ち込むこともあります。
>
> ただ、私がきちんと誠実に対応することで、「本来別の代理人弁護士が担当したのであれば"会えた"件」あるいは、「本来別の代理人弁護士が担当したのであれば"会わせずにすんだ"件」になってしまうことがないように心がけています。
>
> 時に、面会交流の交渉過程で、相手方本人というより恐らく相手方代理人弁護士のキャラクターが出てしまう形で、無礼でこちら側が反感を持つような文面や提案を出してくるケースがあります。
>
> 作戦としての無礼であればいいのですが、単純に強い言葉を投げつけて満足するような書面は、今後、当事者が継続的な関係を築いていく必要がある面会交流という事案の特殊性（一期一会のビジネスではないので）から、あまり有効に働かないことが多いと思います。面会交流の場では、代理人弁

護士は北風より太陽になるほうがいいことが多いと思うのです。

　例えば、日曜日に面会交流が予定されていたものの、金曜日の夕方の段階でお子さんが熱を出してしまい、日曜日の面会を再度調整（リスケ）して欲しいという事態が発生したとします。金曜の夜に相手方代理人弁護士の事務所に「日曜はキャンセルで」とだけ、理由も述べず、代替日を提案することもなくＦＡＸする（あるいは夜間留守番電話に録音を残す）のは良くないと思います。

　タイミングがギリギリなので、受けとった側の代理人弁護士が気づけず、こちら側は日曜日に待ち合わせ場所で何時間も、お子さんを待ってしまう事態になったり、代理人弁護士が気づくことができたとしても、理由も分からず、一方的な連絡となると、依頼者も納得しがたいです（つまり相手に不信感を抱くことになってしまう）。

　お子さんのお熱はよくあることなので、代理人弁護士が少しだけ工夫をして、緊急事態の場合の連絡方法を事前に決めておき、事態が落ち着いたら状況を説明の上、代替日の提案をするということまで配慮すれば（あと、予定をキャンセルしてしまったことに対しては謝っていいと思うんです。謝って相手が気持ちよく別の日にリスケしてくれれば、全員がハッピー）、当事者が抱かなくていい不信感を抱かずに済むと思うのですが……いかがでしょうか。

第4章　面会交流の現場から〜Q&A〜

Q18　調査官調査とは何でしょうか？

A〜H全パターン

調査報告書のための調査

　調査官調査は調停や審判の中で、裁判官が目的を決めて調査命令を出し、家庭裁判所調査官が調査を行うことです。調査に基づいて提出されるのが、「調査報告書」です。意外に思われるかもしれませんが、この調査報告書が、今後の面会交流の方法を決める最も重要な鍵となります。これは面会交流の問題に限らず、親権を決めるとき、あるいは監護権を決めるときも同様です。

　弁護士の立場からですと、法律事務所にご相談にお越しになった段階で、既に調査官調査が終了しており、調査報告書が出ているとなると、弁護士ができることが限られていて、タイミング的にかなり厳しいと感じます。

調査官調査の具体的な中身

　面会交流の調査官調査の中身ですが、ケース・バイ・ケースであるものの、以下のような流れが多いです。

① 　非監護親と調査官の面談＠裁判所
② 　監護親と調査官の面談＠裁判所
③ 　お子さんと調査官の面談＠裁判所　あるいは　自宅
④ 　その他必要な場所での調査
　　⇨小学校、幼稚園、保育園、児童相談所等

⇨現地に行かず電話での調査の場合もあります

ただし、①②はほぼ確実に行いますが（順番は①②の場合もあれば、②①になることもあります）、③④は行われないこともあります。

これに加えて、

⑤裁判所のプレイルーム（児童室）で試行的面会を行った場合には、こちらも調査報告書が出されることが一般的です。

①②の面談時間は、調査官ごとにまちまちで1時間かからなかったケースもあれば4時間以上かかったケースもあります。

調査官報告書

調査官報告書ですが、調査官は「調査」をする役割で、裁判官のように、証拠を見ながら「何が真実か」を認定する役割ではありません。

したがって、面談の中で非監護親が言ったこと、監護親が言ったこと、お子さんが言ったことがそのまま記載されており、それが真実かの検証はされていません。

調査を経て、調査官報告書の最後の部分に調査官の意見が書かれていて、ここの部分が最も大事な部分となります。面会交流の場合には、調査をした上で非監護親とお子さんがどのようなかかわり方をすることが望ましいかが、書かれています。

弁護士からすると、この調査官意見が全てを握っている！と言っても過言ではありません。この調査官意見は具体的に書かれていることもあれば、抽象なこともあり、色々悩ましく感じることもあります（「理想はそうだけど、では現実問題その部分を、具体的には誰がどうすればいいのかな？」と思ったこともあります。）。

第4章　面会交流の現場から〜Q&A〜

Q19 試行的面会[*10]とは何でしょうか？

A〜H全パターン

A 裁判所内のプレイルーム（児童室）で調査官が関与しながら、試行的に非監護親とお子さんの面会交流を行うことです。調査官調査の一環として行われますので、調査官が様子を観察し、後日これが調査官報告書に反映されることになります。

分かりやすくいうと、非監護親がお子さんに久しぶりに会える最初のアプローチになります。ただし、裁判所の中で、周囲にはその状況を観察している人がいるというシチュエーションです。

この試行的面会ですが、お子さんが不安を覚えないように、次のような流れで行われることが一般的です。

① 非監護親と調査官の面談＠裁判所
② 監護親と調査官の面談＠裁判所
③ お子さんと調査官の面談＠裁判所　あるいは　自宅
　　※ここまではQ18（124ページ）で説明したものと同じです。

これらの①〜③を前提に（ただしお子さんが乳幼児で幼い場合には③を省略することもありました）、試行的面会の日を決めます。また、おおよその面会時間も決められています。30分前後が多い印象です。

当日は、お子さん達をプレイルームで慣らすために、監護親とお

---

*10 【参考】改正家事事件手続法152条の3（審判前の親子交流の試行的実施）

子さんが少し早めに裁判所に来て集合し、プレイルームで遊び始めます。

　監護親、お子さん、調査官で遊び始め、途中で監護親が抜け別室に移動します（プレイルームの様子が見える部屋）。監護親が見えなくてもお子さんが安心して遊べている様子が確認できたら、今度は、待機していた非監護親がプレイルームに入ります。そして、お子さんの様子を見ながら、一緒に遊び始めます。

　ケース・バイ・ケースですが、そのプレイルームに調査官がずっと残る場合が多いです（調査官も部屋を出て非監護親とお子さんだけにする場合もあります）。

　監護親は別室で、非監護親とお子さんが遊ぶ様子を見ます。

　時間になったら調査官が声をかけ、非監護親は部屋を出て、その後監護親が部屋に戻るという流れになります。この時の雰囲気づくり、特に非監護親が部屋を出るときのやり方等は、調査官がフォロー・指導してくれることが多いです。

　なお、この試行的面会の様子も調査官報告書の対象となります。

　この調査報告書は驚くほど、詳細なことが多く、非監護親がかけた言葉、お子さんの反応、遊んでいたおもちゃの種類等も事細かく報告されていたりします。

第4章　面会交流の現場から〜Q&A〜

> **コラム**
>
> ### プレゼント問題
>
> 「お子さんへのプレゼントは予算いくらまで？」
>
> 「誕生日とクリスマスはＯＫでしょうか？」
>
> 　離れて暮らす親と会うたびに、何か買ってもらう……ということを良くないと考えるか、構わないと考えるか、これは一緒に暮らす親の方針次第です。裁判所でのスタンダード（最低ライン）は誕生日とクリスマス、あとはお年玉でしょうか。この3種類はいいんじゃないでしょうか？という空気になっています。
>
> 　プレゼントの予算は5,000円前後が多い印象です。あとは教育方針によって、ゲームＯＫか、ゲームＮＧかは慎重になる必要があります。プレゼントにメッセージカードを付けていいかも、話合いの段階で決めておくほうがトラブルが少ないです。
>
> 　誕生日プレゼントですが、お子さんのリクエストを聞くのか、離れて暮らす親があげたいものを決めるのか、あるいは一緒に暮らす親が図書カードしか許さないのか……。ここも難しいです。さらに兄弟姉妹がいる場合、家庭によってはお誕生日様（お誕生日のお子さん）以外の兄弟姉妹もなんらかのプレゼントを買ってもらう習慣がある場合があります（お誕生日様と同程度の大物を買ってもらえるか、同程度ではないプチ・プレゼントを買ってもらえるのかという問題が続きます。ちなみに、私の体感ではこのプチ・プレゼント・ルールが一番採用されています）。

最近のおもちゃは物によっては１年ごとにキャラクターがリニューアルしてしまい、買い間違えが発生するトラブルや（間違いがないようにリクエストの際にはアマゾンのＵＲＬをそのまま送っていただく。ゲーム等の場合はバージョン違い等もあり、大人には分からないレベルのこともあります）、リクエストされたものが、人気商品すぎて売っていないというトラブルもあります。

　クリスマスプレゼントは、サンタさんについてどのような教育が家庭でされているかでも問題があります。サンタさんを厳密に考えれば考えるほど、プレゼントは１つになる可能性が高いのです。

　直接交流に至っていないケースの場合で、私が一緒に暮らす側の親の代理人の場合、プレゼントの多くは、一旦私の事務所に送っていただく形になります。代理人弁護士の私がプレゼントに不審な点がないかをざっと確認し、メッセージカードの写しを取って、依頼者に転送する形になります（当然、代理人弁護士が中身を改めることは事前に送り主側に伝えています）。

　綺麗なラッピングがされているものの場合、まず写真を撮って外観を記録。中身を確認した後、できるかぎり再現できるように必死でリボンを結びます。お子さんが開けるときに、誰かが１度開けた形跡が残っていたりするとがっかりするもんね！と頑張ります。

　プレゼントはタイミングが大切なので、誕生日や12月24日ギリギリに送られてくると、絶望します。

第4章　面会交流の現場から〜Q＆A〜

プレイルーム（児童室）というのはどのような場所でしょうか？

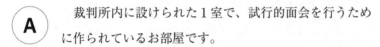

A　裁判所内に設けられた１室で、試行的面会を行うために作られているお部屋です。

新しい裁判所の児童室は、明るい雰囲気で、窓からの光もたくさん入り、おもちゃもたくさん置いてあって、保育園や幼稚園のような雰囲気になっています。靴を脱いで上がれるようになっていて、小さな子が床でごろごろしても大丈夫なようにカーペットが敷かれています。ただし、壁の一角にはマジックミラーがあり、その向こうでは、様子を確認するためのお部屋があります。マイクで、お部屋の音も拾えるようになっています。

レトロな裁判所では、上記ほどの施設は整っていないので、音も拾えるカメラが取り付けられていて、その映像を別の部屋のモニターで見る形が多いです。

いずれにしても、お子さんの年齢に合わせたおもちゃがたっぷり準備されていて、楽しい雰囲気になっています。

コラム

裁判所の試行的面会で使う部屋

　裁判所には試行的面会で使うお部屋があります。私は埼玉県内のプレイルームはほぼ見たことがあります。庁舎自体が新しい裁判所ですと、面会用に設計されていて、マジックミラーにカメラ、マイク完備でとてもいい環境です。窓があって、明るくて、絨毯も明るい色のものが敷かれていて、おもちゃもたくさん。大人の私が遊んでも楽しいくらいのお部屋です。一方で、庁舎がレトロな裁判所ですと、元々は調停室だったのかな？というお部屋が改装されていたり、普段は普通の部屋として使用している場所を、即席面会ルームにする裁判所もあります。いずれにしてもおもちゃはたっぷりです。

　試行的面会が不安な「会わせる側」の親御さんは、調停のタイミングなどでお願いすると事前に見学させてもらえることもあるので、参考にしてみてください。

　以前、調査官がお子さん（男児）の面会前に、「電車派ですか？恐竜派ですか？車派ですか？ロボット派ですか？」と聞いていて、どういう意味か分からず、こっそり聞いてみたことがあります。おもちゃがたくさんありすぎるので、お子さんの好みを先に聞いて、それを前に出しておくというコツがあるのですって！素敵な心遣いだな！と思いました。

第4章　面会交流の現場から〜Q&A〜

Q21

裁判所のプレイルーム（児童室）で試行面会を行いました。私としては、裁判所のお部屋の雰囲気は悪くないと思うので、今後もここを借りて面会交流をしばらくしたいと思うのですが、そのようなことはできますか？

A・B（父）、C・D（母）

A

残念ながら難しいです。

裁判所のプレイルーム（児童室）はマジックミラーやカメラ等で面会の様子が観察でき、場合によっては同じお部屋に家庭裁判所調査官がいて、状況を観察したり、時に遊ぶのをフォローしてくれることもあり、安心・安全な環境が整えられているのは事実です。

ただし、このプレイルームを使用できるのは、試行面会のためであり、調査官が調査官報告書を作成するという目的が根底にあります。継続的に、お子さんと非監護親が面会で使用することは想定されていません。

したがって、面会のために使用できるのは1度だけです。

裁判所での試行面会は、徹底的に管理された環境で行われ、それを基にして調査官報告書が書かれますが、報告書の中で「問題なく交流できており、面会交流を継続することが望ましい」と言われても、2回目以降の面会交流の場は別の場所を設定しなければならず、大きなギャップを感じる部分です。

2　面会交流Q&A

　面会に不安がある場合、代理人事務所を候補にする、入口が1つでスタッフの多いキッズパークのような室内施設にする、面会交流支援団体（199ページ以下）のうち、面会交流調停が成立する前であっても試験的に面会を受け入れてくれる場所を探して利用するなどの必要があります。

面会交流のルールというのはどのようなものか、具体的に教えてください。

A〜H全パターン

裁判所内で配布されているパンフレットには以下のようなルールが書かれています。

> 監護親側

- ●子どもの様子を相手に伝えるようにしましょう。
  - ⇨子どもの健康状態や学校の行事予定、努力していることやその成果等を非監護親に伝えるようにしましょう。
- ●過去の夫婦の争いや相手の悪口を子どもに言わないようにしましょう。
- ●子どもが「会いたくない」と言うときは、その理由をよく聞いてみましょう。
- ●子どもが面会交流に出かけるときは、笑顔で送り出しましょう。
- ●子どもが帰ってきたら、笑顔で温かく迎えてあげましょう。

133

第4章　面会交流の現場から～Q&A～

> 非監護親側

- 面会交流の日にちや時間、場所などは、子どもの体調、生活のペース、スケジュールに合わせましょう。
- あらかじめ決めている面会交流の約束事は守りましょう。
  - ⇨特に面会交流の終了時間や場所を相談なく変えることは避けましょう。
  - ⇨急な事情により、約束を守れないときは、すぐに連絡しましょう。
- 子どもがのびのびと過ごせるようにしましょう。
  - ⇨監護親の悪口を聞かせることはやめましょう。
  - ⇨監護親の様子を聞くことはやめましょう。
  - ⇨子どもが関心をもっていること等話題を選びましょう。
- 高価な贈り物や行き過ぎたサービスはやめましょう。
- 一緒に住んでいる親に相談することなく、子どもと約束することはしないようにしましょう。

　上記ルールを見ていただくと分かるとおり、監護親側に求められているルールがかなり重いものになっています。監護親の方がお子さんと接する時間が圧倒的に長いことから、監護親の面会交流への考え方は、お子さんに影響します。特に、夫婦間の葛藤が高い場合、直接言葉に出さずとも、監護親が非監護親に抱いている感情はお子さんにも伝わってしまいます。

　親であっても1人の人間であり、複雑な感情があって当然です。
　時に、親自身の考えや感情と、お子さんにとっての利益がぴったり重ならないこともあります。

この複雑な監護親の気持ちに、アドバイスをくれ、寄り添ってくれる機関やツールがなかなかない点が難しい部分だと思います。裁判所はどうしても中立の立場であり、時間も限られていることから、限界があります。

*****　*****

　面会交流調停の中ではこのパンフレットが当事者に手渡され（待合室にある場合や、申立書に同封されてくる場合もあります）、このパンフレットが面会交流の「ルール」となっています。
　お互いこのパンフレットに書かれていることを守りましょう！という信頼関係を作っていくことが、重要になります。
　ただし、パンフレットには大切なことが書かれていますが、その結果かなり抽象的になっています。
　具体的にどのような発言が「悪口」になるのか、終了時間が数分遅れた場合はどう考えるのか等、当事者の認識に差があることも多いので、個別に検討されることが必須だと感じます。
　パンフレットよりも情報量が多く、より具体的にルールが紹介されているのが、裁判所の配信している動画です[*11]。裁判所からも指示がありますが、こちらも是非視聴していただければと思います。

---

*11　裁判所の動画配信：子どものいる夫婦の離婚や面会交流に関するビデオ「子どもにとって望ましい話合いとなるために」
https://www.courts.go.jp/links/video/hanashiai_video/index_woc.html
ビデオ「離婚をめぐる争いから子どもを守るために」
https://www.courts.go.jp/links/video/kodomo_video/index.html

裁判所HP

第4章　面会交流の現場から〜Q&A〜

＊裁判所の面会交流のパンフレット（https://www.courts.go.jp/vc-files/courts/file4/h28menkai.pdf）

家庭裁判所

子どもと離れて暮らしている方へ

面会交流の日にちや時間、場所などは、子どもの体調、生活のペース、スケジュールに合わせましょう。

〔子どもと会う前に〕

子どもの年齢、健康状態、学校、課外活動、習い事などのスケジュールを十分に考えて、子どもに無理のないような日にちや時間、場所、内容などを決め、子どもが喜んで会えるようにしましょう。

あらかじめ決めている面会交流の約束事は守りましょう。

事前に取り決めている面会交流の約束事は守りましょう。
特に、面会交流を終える時間や、子どもを引き渡す場所などを相手に相談なく変えることは避けましょう。
また、急な事情により、約束を守れないときには、すぐに連絡しましょう。

〔子どもと会うときに〕

子どもがのびのびと過ごせるようにしましょう。

一緒に暮らしている親の悪口を聞かされたり、親の様子をしつこく聞かれると、子どもの気持ちは重くなってしまいます。
子どもが関心を持っていることや学校の行事、最近のうれしいニュースなど、子どもが生き生きと話せる話題を作り、あなたは聞き役に回りましょう。

高価な贈り物や行き過ぎたサービスはやめましょう。

高価なプレゼントなどで子どもの関心を引きつけることは、子どもの健全な成長の面からも好ましくありません。
モノやお金が本当に必要なときは、親同士で話し合いましょう。

一緒に住んでいる親に相談することなく、子どもと約束をすることはしないようにしましょう。

一緒に暮らしている親に相談することなく、子どもと「泊まりがけで旅行に行こう。」などと約束をすると、子どもに後ろめたい思いをさせたり、子どもを不安にさせたりします。また、親同士の新たな紛争の原因になることもあります。
大切なことは、親同士の話合いで決め、子どもに負担を感じさせないようにしましょう。

第4章　面会交流の現場から～Q＆A～

子どもと一緒に暮らしている方へ

ふだんの生活で

子どもの様子を相手に伝えるようにしましょう。

子どもの健康状態や学校の行事予定、努力していることやその成果などは、離れて暮らしている親にとっても関心が高いことですから、できるだけ伝えるようにしましょう。伝えることで、離れて暮らしている親が子どもにうまく対応でき、円滑な面会交流につながります。

過去の夫婦の争いや相手の悪口を子どもに言わないようにしましょう。

子どもが、離れて暮らしている親について良いイメージを持つことができるように配慮しましょう。

子どもが「会いたくない。」と言うときは、その理由をよく聞いてみましょう。

もし、子どもが面会交流に気が乗らなかったり、負担に感じたりしているようであれば、それまでのお互いの面会交流に対する態度を振り返ってみましょう。
また、子どもが話した理由を口実にして、面会交流を一方的にやめてしまうことは、新たな争いを生みます。そのようなときには、親同士で冷静に話し合いましょう。

子どもが出かける前に

子どもが面会交流に出かけるときは、笑顔で送り出しましょう。

子どもは、親の気持ちや表情に敏感です。あなたのちょっとした言葉や表情、しぐさから、離れて暮らしている親と会うことを後ろめたく感じたり、悪いことのように思ったりしてしまいます。
子どもには、面会交流をすることは良いことだと思っていることを伝えておくとよいでしょう。

子どもが帰ってきたら

子どもが帰ってきたら、笑顔で温かく迎えてあげましょう。

子どもは、あなたに気をつかって、重たい気持ちで帰ってくるかもしれません。笑顔で温かく迎えましょう。
また、面会中のことはあまり細かく聞かないようにしましょう。子どもが離れて暮らしている親との時間を楽しく過ごしたことを認めてあげることで、子どもは両方の親から愛情を注がれていると感じることができます。

2 面会交流Q&A

面会交流は、子どもの成長のために行うものです。
夫と妻という関係から子どもの父と母という立場に気持ちを切り替え、子どものためにお互いが補い合い、協力し合いましょう。子どもにとっては、どちらも大事な親なのです。
初めのうちは面会交流が順調にいかないこともあるかもしれません。そのようなときにも、子どもの幸せを考えながら、目の前の出来事に一喜一憂せず、柔軟な態度で臨んでいくことが大切です。

民法766条が改正され、面会交流や養育費などについては、子の利益を最も優先して定めなければならないことが明記されました(平成24年4月1日施行)。
「1.父母が協議上の離婚をするときは、子の監護をすべき者、父又は母と子との面会及びその他の交流、子の監護に要する費用の分担その他の子の監護について必要な事項は、その協議で定める。この場合においては、子の利益を最も優先して考慮しなければならない。
2.前項の協議が調わないとき、又は協議をすることができないときは、家庭裁判所が、同項の事項を定める。」

(令和4年10月)

第4章　面会交流の現場から～Q＆A～

> コラム
>
> ### 初めて・オモシロ潰し
>
> 　「会わせる側」から出る悩みの1つとして、「相手と会う日がハレの日になる」ことです。これは女親・男親で違いは出ません。
>
> 　普段、子どもを育てている側は、楽しく遊ぶだけではなく、時には厳しく躾をしたり、悪いことをすれば叱ったりと、嫌われ役も引き受けなければなりません。時々会う側はいいとこ取りできて悔しい。この気持ちはとてもよく分かります。ただ、そう言いながらも山あり谷ありの日常の生活を共に送ることの尊さと、お子さんとの信頼関係（結局普段育てている自分のことを信頼してくれているんだよねという自信）から、面会へとにこやかにお子さんを見送ってくれる親御さんもいらっしゃいます。
>
> 　一方で、とても困ったのが、ハレの日にならないように、どう考えてもお子さんが楽しんで遊べないような場所でしか面会を許してくれない親御さんもいらっしゃいます。しかもいつも同じ場所。あるいは、お子さんが長い間「行きたい」と言っている遊園地があって、そこが面会交流の候補になったところ、まだ自分がお子さんと行ったことがない場所は、「初めて」を取られてしまうので嫌だというご意見が出たこともあります。
>
> 　面会交流はそもそも、お子さんが楽しく遊ぶことを基本に考えているので、楽しそうな場所がいいと思うのですが（そして久しぶりに会って、少し緊張感がある親とも場所の雰囲

気で打ち解けられれば、全体がハッピーなのでは）……難しいです。なお、「初めて」の場所については、安全管理の問題もあるので合理的な理由がある場合もあります。

Q23

相手から面会交流調停の申立てがありました。自分は、相手に子どもを会わせたくないと考えているので、調停に出頭する必要はないのではないかと考えているのですが、どうでしょうか？

B（父）・D（母）

A　調停に正当な理由なく出頭しない場合には、過料5万円以下の支払いが科される可能性があります（家事事件手続法258条1項、51条2項・3項）。過料が科される件は稀ですが、なによりも、親権者（監護権者）として出頭する、あるいは代理人弁護士を就けて代理人弁護士に出廷させるべきだと思います。代理人弁護士を就けていたとしても、代理人弁護士と共に出頭することを私は勧めています。

そもそも親権とは何かという問題があります。

民法で親権に関わる規定はいくつかありありますが、「親権を行う者は、子の利益のために子の監護及び教育をする権利を有し、義務を負う。」（民法820条）、「親権を行う者は、前条の規定による監

護及び教育をするに当たっては、子の人格を尊重するとともに、その年齢及び発達の程度に配慮しなければならず、かつ、体罰その他の子の心身の健全な発達に有害な影響を及ぼす言動をしてはならない。」(民法821条) と書かれており、改正民法ではこの820条や821条に規定される事項について、監護権者も「親権を行う者と同一の権利義務を有する」(改正民法824条の3第1項) と規定されています。

　つまり、親権はその名前から誤解されることもありますが、単純に「親の権利」だけではなく、「親の義務」の面も持っています。

　このように考えると、親権者（監護権者）は子どもと非監護親の面会交流調停についても、子の利益のために向き合う義務があると考えて良いのではないでしょうか。

　これは決して面会交流原則実施主義の観点から話しているわけではありません。面会させる、させないの問題を検討するにも、親権者という立場から、まず、調停という場で申立人（非監護親）の考えを聞き、子の利益になるか否かを判断する情報を得る必要があるという意味です。

コラム

子どもと弁護士、会ってみる？

　私は依頼者のお子さん（依頼者は会わせる側）とはできるだけ会うようにしています。以前は会う必要性がないと考えていたのですが、私が尊敬する弁護士の方が、会うようにするとおっしゃっていて感銘を受けたこと、元家庭裁判所調査官が執筆した本でも面会が勧められていたこと、相手方や相手方代理人弁護士に「子どもが元気か確認したのか」と言われたことも複数回あり、お子さんの性格・年齢・様子等を伺った上で、こちらに関心を持ってくれそうな様子があれば、会うようにしています。

　最近ではNHKで弁護士（裁判官）ものの朝ドラが放映されたこともあって、弁護士を見てみたい！という積極的なお子さんもいらしたりします。昔、「リーガル・ハイ」というドラマで、俳優の新垣結衣さんが弁護士役をされていた時は、ハードルが上がって大変でした。

Q24 子どもが「会いたくない」と言っている場合、どうすればいいですか？

A～H全パターン

A お子さんの年齢にもよりますが、面会交流調停の中で調査命令を出してもらい、家庭裁判所調査官にお子さんと面談をしてもらって、調査をしてもらう必要があると思います。場合によっては、子どもの手続代理人の利用も考えるといいでしょう。

「子どもが会いたがっていない」という主張が、監護親側から出ることは珍しくありません。実際に私が監護親側の代理人弁護士だったケースでは、

① 監護親は面会について比較的フラットな感覚であるが、お子さんが会いたくないと言っている場合

② 監護親は面会について否定的であり、お子さんも会いたくないと言っている場合

のいずれかが多く、実はお子さんが会いたいと言っているのに、監護親が嘘をついて「会いたがっていない」という件はあまり出会っていません。

①については、お子さんの本心がどこにあるのか、監護親も代理人も悩みながら糸口を探すことになります。ある調査官調査では、「調査官にお子さんが心を開いてくれて、調査官が同席してくれる場合であれば、非監護親に会っても構わない。そして、これまでし

てきたことを謝って欲しい」と本心を聞くことができました。この時の調査では、通常の調査よりも調査官が時間を取ってくれ、このような形が実現したと思っています。

②については、お子さんが監護親の顔色を伺って面会を拒絶している場合もありますし、お子さん自身本心で会いたくないと考えている場合もあります。このようなとき、調査官調査でぽろっとお子さんの本音が出ることもあり、やはり調査の必要性を感じます。

お子さんに寄り添う立場として、子どもの手続代理人の制度があり、この場合は中立の立場である調査官とはまた異なって、お子さんの代理人としてお子さんの意見表明・意見尊重を実現する、つまりお子さんの味方となって、アドバイスをしたり、お子さんの意思を尊重する活動が可能です。お子さんの意思能力の問題がありますが、未就学児童に子どもの手続代理人が就いたケースも存在するようです。

この申立ては非監護親側からもできますし、子の手続代理人の費用については、家庭裁判所が報酬額を決定しますので、裁判所の決定に従って父母が報酬を支払うことになりますが、日本弁護士連合会の委託援助（経済的に余裕がない等の要件を満たした上で、弁護士に依頼する必要性・相当性がある場合に、日弁連が人権救済の観点から弁護士費用等の援助を行うもの）を利用することが可能な場合もあります。

第4章　面会交流の現場から～Q&A～

コラム

弁護士の立会道

「弁護士のセンセイが、面会に立会ってくれればいいじゃないですか」と調停委員に言われ、弁護士になりたてだった私は、心の中で「なぜ？私が？」と思ったことがあります。

最近はそういう印象はないのですが、十数年前は、調停委員がやたらと代理人弁護士が立会えばいいと、当然のように提案してきました。私には幼児の安全管理をする能力はありませんし、万が一でも自分の依頼者（会いたい側）が面会中にお子さんを連れ去ろうとしたら、タックルでもして止めようとすることくらいしかできることはありません。

困惑しながらも、面会が実現できるのであればいいかと、たくさんの件で立会人（会わせる側・会いたい側どちら側でも）をやってきました。当事者双方の安心材料なのだと思っています。

双方に代理人弁護士が就いている場合には、双方の代理人弁護士が立会うこともあります。代理人弁護士はお子さんたちの関心が親に向くように、できるだけ気配を消すようにしていますので、ファミリーレストランで相手方代理人弁護士と向い合せでずっとドリンクバーのアイスコーヒーを飲み続けていたこともあります。

私は面会の立会いの際には、違和感がないように私服、それもできれば子ども達が好きなキャラクターが付いているような……イメージは幼稚園の先生が着ているような服を着るようにしています。一方で、立会いの際にも必ずスーツをお

召しになる先生もいらっしゃいます。

　ショッピングモールのキッズ広場などの隅っこで、子どもと遊ぶ様子もなく、スーツを着て立っている方がいたら、それは面会交流をそっと見守っている心優しい弁護士さんかもしれません。

Q25

離婚して元妻が子ども達を引き取ったのですが、最近元妻が再婚したようです。再婚した場合、面会交流はどうなるのでしょうか？

C・D（父）

A　監護親が再婚したとしても、それだけを理由に面会交流ができなくなるということはありません。お子さんの年齢や、非監護親をどのように認識しているか、これまでの面会交流の状況はどうなっていたか等を踏まえた上で、面会交流の内容を決めていくことが一般的です。

　以前は、監護親が再婚すると、新しい環境に慣れ、監護親の再婚相手との関係を構築するために、非監護親との面会交流を認めないという考え方が主流だったようですが、最近は、再婚により全く面会交流を認めないのではなく、必要があれば面会方法を一部変更（制限）するようなケースが多いようです。

　お子さんが幼い場合には、養親を実の親だとして育てる方針のご家庭もあるようですが、戸籍を見ること等でいずれ、それが真実で

ないことは分かってしまいます。

　実際の面会交流調停の場でも、お子さんが非監護親のことを「ママ」あるいは「パパ」と認識している場合はもちろん、幼くて認識しているかはっきりしていない場合でも、裁判所から実親は実親、養親は養親と区別することが望ましいと指導されることが多いです。

Q26

共同親権になることで、面会交流の形が大きく変わることはありますか？これまでは月1度程度しか会えなかった子どもと、もっとたくさん会えるようになりますか？

A・B（母）、C・D（父）

A

　改正民法ではその可能性もあるように規定されています。これまでの面会交流という形に加えて、監護の分掌（父母が分担して監護する、育てる）あるいは居所を指定する（共同親権を前提に、どちらの親とどれくらい一緒に住むか決める）という形も考えられるようになります。

　離婚後の親子の関わり方についてメニューが増えることは確実ですが、一方で、これまでの形式を維持することも可能です。

　今後、お子さんの最大の利益の観点から、法律がどのように運用されていくか次第だと思います。

コラム

子育ての立証とは

　お子さんとの関わりについて、調査官からこれまでの養育実体について証拠を出すように求められることが一般的です。

　「じゃあ……お子さんと関わっている様子の写真を……」と主に子育てをしてきた依頼者に相談すると、多くの場合返ってくる答えが、「先生！そんなのほとんどないんですよ。むしろ、相手が珍しく子どもをお風呂に入れてくれた時！とか、公園に連れて行った時！とかそういう写真はあります。でも、子どもの写真はほぼ私が撮っているので、自撮りしない限り、私と子どもたちは一緒の写真の中にはいません！……」というものです。

　そう、子育てをしている側は、お子さんと一緒に写真に写る機会が少ないのです。それがある意味、子育てをしてきた証明ではないかと思うほどに……。

　母子手帳や育児日記等も提出しますが、子育てが忙しければ、ノートに向き合っている時間もなく……。

　比較的、立証に役立つのは保育園の連絡ノートの記載だと思いますが、最近は記載が簡略化されているところも多いので（これは忙しい親御さんには助かる運用です）微妙な場合もあります。

　そう、主に子育てをしてきたことの立証は時に容易ではないのです。

第4章　面会交流の現場から〜Q&A〜

Q27

サスティナブルな面会交流を目指して、代理人弁護士はどのようなことができるでしょうか？
A〜H全パターン

A 代理人弁護士が離れた後も、当事者が自分たちで面会交流を継続していくことができるような状態に持っていくことが必要だと思います。

面会交流の問題を扱う中で、事件終了後、つまり調停成立や審判確定後に、どれくらい代理人弁護士がアフターフォローするかという問題があります。

これは代理人弁護士ごとの考え方があると思いますし、期間の問題や、費用が発生する・しないの問題もあります。

代理人弁護士にアフターフォローをする気があったとしても、やはり、代理人弁護士の尽力・存在ありきの状態で調停を成立させることはサスティナブルではないと感じます。

代理人弁護士が就いている段階から、同時進行で面会交流支援団体（199ページ以下）の利用や、面会交流設定アプリ等の利用を検討し、可能であれば代理人弁護士がいるうちから試行的な利用を開始した後に、調停成立を目指すことが理想だと考えています。

面会交流支援団体では、成立調書等があることが利用の要件になっているところもありますが、代理人弁護士が相談をすることで、成立前の試行的な利用に応じてくれる団体もあります。

これまでの案件で使用したことがあるアプリを紹介しますと、

raeru（ラエル）*12という面会交流調整アプリが便利です。無料で使用できるので、調停が係属している最中に試しに使っていただき、依頼者の方に使用感を確かめていただいた後、面会交流調停が終わった後もそのまま利用するという形で、調停調書にも書いていただいたケースが複数あります。

このraeruでは、自由記載部分が少なく、定型文でやり取りできることから、相手からのメッセージの内容に精神的負担を感じにくいというメリットが大きいです。

Q28 面会交流調停で話合いがまとまらなかった場合、どのようになりますか？

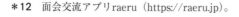

A 面会交流調停から面会交流審判という手続きに移行して、最終的に裁判官が一刀両断に結論を出します。

面会交流調停が審判に移行すると、「令和■年（家イ）第☆☆号」とこれまで言われていた事件番号が、「令和□年（家）第◆◆号」と変わります。また、これまでの調停とは異なり、話合いの中に裁判官が参加します。

審判は原則として「同席」になることから、これまでの調停とは異なり、同じ部屋に相手方もいる可能性があります。不安がある場

---

*12 面会交流アプリraeru（https://raeru.jp）。

合には、裁判所に相談をしてください。

　また、審判の場合には、これまでは口頭ベースだったやり取りも、書面にして提出するように指示されることが通常です。「審判」の単語には「判」の字があるとおり、裁判にランクアップするイメージです。

　審判では裁判官が最終的に「審判」という形で、一刀両断に結論を出します。裁判官の「審判」に不服がある場合には、原則として、審判の告知を受けた日の翌日から起算して2週間以内に即時抗告をして、高等裁判所に再度審理を求めることになります。

❖ ざっくりとしたまとめ ❖

	面会交流調停	面会交流審判
主催者	調停委員	裁判官
スタイル	口頭ベース	書面ベース
相手とは	別席が原則	同席が原則
決裂すると	不調となり審判移行	審判で一刀両断に結論

Q29

面会交流調停と面会交流審判はどう違いますか？

A～H全パターン

A ◆結論が出るか・出ないか◆

　面会交流調停では、あくまで当事者の合意で面会交流の内容を決めます。一方で、面会交流審判は最終的には裁判官が審判という形で面会交流の内容を決めます。

つまり、面会交流調停では「結論が出ない」ことがありますが、面会交流審判では「結論が必ず出る」ことになります。また面会交流審判では、家庭裁判所の審判の内容に不服がある場合には、高等裁判所に即時抗告をすることができます。

関わるメンバーの違い

調停の場合ですと、Q1（80ページ）で述べたとおり、面会交流調停では調停委員と調査官が入ることが一般的ですが、面会交流審判の場合には裁判官がいて、そこに加えて調停委員、家庭裁判所調査官が入ることが多いです。

進行の違い

調停の場合は、Q17（121ページ）で述べたとおり、自分側と相手側交互に部屋に呼ばれて、相手と顔を合せないことが多いです（これを「別席」と呼んでいます）。一方の審判では、自分側と相手側が同時に部屋に呼ばれます（これを「同席」と呼んでいます）。

調停から審判への移行

調停の種類によって、調停から審判へ移行するものもあれば（面会交流調停や婚姻費用分担請求調停等）、調停から審判へ原則として移行しないもの（離婚調停等）があります。

移行すると言っても、同じ裁判所の同じ建物で行われますので、移行したことに気づいていない方も時々いらっしゃいます（人が増えたな……という感じのようです）。

調停にも審判にも、「事件番号」というシリアルナンバーが付け

第4章　面会交流の現場から～Q&A～

られていますが、調停から審判に移行すると、このシリアルナンバーもちゃんと変化して、「令和■年（家イ）第☆☆号」から「令和□年（家）第◆◆号」になります。

記録の引継ぎ

　面会交流調停の際に提出した主張や資料等は、面会交流審判になった場合、当然に引き継がれるわけではありません。審判になった段階で、どの主張・資料が引き継がれるのか、裁判所に確認して注意をしておく必要があります。

Q30 離婚前＋別居中の夫婦です。面会交流調停で面会について取決めをしましたが、監護親である相手がそれを守ってくれません。相手に何かペナルティはないのでしょうか？

A 間接強制*13が考えられます。
　調停調書（あるいは確定した審判）がある状態で、相手が面会交流の条件を守らず面会させてくれない場合、執行裁判所

＊13　間接強制は、相手に金銭を払わせる形で、面会交流をするように促す方法なので、現実的に面会交流が実現させられるのか悩ましいと感じます。相手の反感を買うことも想定できますし、間接強制金を支払ってでも会わせないという対応をされる可能性もあります。
　いきなり間接強制を行うのではなく、裁判所に履行勧告を求めて裁判所から面会を促してもらう、あるいは、再度調停での話合いを行う等、別の方法も含めて検討する必要があります。

に申立てを行い、相手が面会交流を行わない都度、相手に間接強制金を払わせる形で、面会交流を促すことになります。ただし、前提として、調停調書（確定した審判）の記載内容が、間接強制ができる内容になっている必要があります。

なお、日本の法律では直接強制（執行官等が関わり強制的に面会を実現させること）は認められていません。

改正民法819条7項柱書（条文の前段部分）では、裁判所が共同親権にするか一方の単独親権にするか判断する考慮要素として、「子の利益のため、父母と子との関係、父と母との関係その他一切の事情を考慮しなければならない。」とされていて、この「その他一切の事情」の中には、改正民法817条の12第2項の父母は「子に関する権利の行使又は義務の履行に関し、その子の利益のため、互いに人格を尊重し協力しなければならない。」という相互の人格尊重・協力義務も含まれていると言われます[14]。

そうなりますと、相手が面会の取決めに応じない理由によっては、今後、仮に離婚の話が出た際には、共同親権にするか一方の単独親権にするかの考慮要素になる可能性があります。

---

[14] 石綿はる美「家族法改正における親権・監護権の規律の見直し」ジュリスト1603号（2024年）68頁参照。

第4章 面会交流の現場から〜Q&A〜

> **コラム**
>
> ### 「親なんだから会えて当然だ!」なのか
>
> このコラムを読んでいただいて、ありがとうございます。たくさんのコラムがあったと思いますが、私が随分細かい場所まで、確認を取ったり気にしたりしているという印象をお持ちになった方も多いと思います。
>
> この本を手に取った「会いたい側」の親御さんは、こう思われたかもしれません。
>
> 「自分は子どもの親なんだから、どうしてこんなに気を遣って、制限されるんだ?会えて当然だろ!」
>
> そうかもしれません。そして、これまでその言葉を私におっしゃった方が何人もいらっしゃいます。そのような場合、私はこのようにお伝えしています。
>
> 「当然かもしれません。では当然だとして、実際に別居以降、お子さんに会えたんですか?当然、当然と言い続けて、会えましたか?面会交流は100からスタートしないんです。0から、0を1にして、1を2にして……そういう気持ちで進まないと会えないんです。それでも会えないことだってあるんです。」
>
> お話を聞くと、これまでのご本人とお子さんの関係が決して希薄ではなく、むしろ暖かく密な関係があった(時期もある)ことが良く伝わってくる事案もあります。それでも、会えなくなってしまってからは、やはり0になるのです。
>
> 私は自分の依頼者の希望に従います。「子どもに会いたい」、「子どもを連れて出て行った配偶者が許せない」、「自分の誇

りを傷つけられた」、「配偶者と復縁したい」等色々な感情がある中で、その一番大きな希望を伺います。

　それが、「子どもに会いたい」の場合、私は０スタートの気持ちになっていただき、どんな条件であっても、ほんの少しでいいから、子どもに会わせて欲しいという姿勢で、面会交流事件を進めていきます。

3　共同親権Q＆A

Q31　共同親権になった場合、子どもの苗字や戸籍はどうなりますか？

A　まず、婚姻の際に苗字を変えた側の親が自身の苗字をどうするか決めることになります。今の日本では、婚姻により苗字を変えるのは女性の方が多いので、それを例として説明します。

　猫山トラ男さんと兎田シロ子さんが結婚し、兎田シロ子さんは、猫山シロ子さんになりました。そして、タロウくんが生まれました。その後、トラ男さんとシロ子さんは離婚することとなりました。

[現行法]

　シロ子さんは2つの名前を選ぶことができます。
　●猫山シロ子のままにする（婚氏続称といい、手続きが必要で

第4章　面会交流の現場から〜Q&A〜

す）

●兎田シロ子に戻す

　離婚しても婚姻後の苗字を継続する場合には、全員が同じ苗字ということになりますので、子どもの苗字も変わらないということになります。

　つまり、猫山シロ子のままを選択した場合、タロウくんは猫山タロウのままで、苗字について選択肢がないということになります。

　ただし、戸籍の問題は残ります。

　離婚により、シロ子さんは、猫山トラ男さんが筆頭者となっている戸籍を出ることになります。この場合、猫山タロウくんは、手続きを取らなければ、猫山トラ男さんの戸籍に残ったままの状態です。

　そのままでも問題はないのですが、猫山シロ子さんがタロウくんの親権を持ち、自分の戸籍にタロウくんを移動させたい！戸籍を引っ越しさせたい！と考えた場合、①タロウくんが14歳以下の場合には、親権者であるシロ子さんが子の氏の変更審判申立（民法791条1項、3項）をし、審判を得た後に、市役所などで手続きをすると、戸籍のお引越しができます。②タロウくんが15歳以上の場合には、タロウくんが自分で子の氏の変更審判の申立て（民法791条1項）をし、審判を得た後に、市役所などで手続きをすることになります。

　一方、離婚により、兎田シロ子さんに戻った場合はどうでしょうか。

　シロ子さんが親権を持つ場合であっても、タロウくんは自動的に兎田タロウになるわけではありません。シロ子さんが親権者でも、タロウくんを猫山トラ男さんの戸籍に残しておくことで、タロウくんの苗字を猫山のままにすることもできます。

つまり、親権者であってもお子さんと苗字が違っていいのです。

お子さんが、苗字を変えたくないと言っている。一方で、母親としては旧姓に戻りたい。そんなケースにも対応ができるわけです。

タロウくんを兎田にすることもできます。

①タロウくんが14歳以下の場合には、親権者であるシロ子さんが子の氏の変更審判申立（民法791条1項、3項）をし、審判を得た後に、市役所などで手続きをすると、タロウくんの苗字は兎田になり、さらにシロ子さんの戸籍にお引越しができます。②タロウくんが15歳以上の場合には、タロウくんが自分で子の氏の変更審判申立（民法791条1項）をし、審判を得た後に、市役所などで手続きをすると、タロウくんの苗字は兎田になり、さらにシロ子さんの戸籍にお引越しができることになります。

[改正民法]

離婚に伴い、トラ男さんとシロ子さんの双方がタロウくんの親権者である、共同親権になったとします。

共同親権であっても、タロウくんが15歳以上の場合、タロウくん自身で父母のどちらの戸籍に入っていたいか判断し、必要があれば、自分で子の氏の変更審判申立をすることになりますので、この場合には、あまり共同親権であることからの問題は発生しないことになります。

問題はタロウくんが14歳以下の場合です。

シロ子さんが旧姓の兎田に戻り、タロウくんの苗字も兎田にしたいと希望する一方で、トラ男さんはタロウくんに猫山のままでいて欲しいと希望する等、親権者の意見が一致しないという問題が出て

第4章　面会交流の現場から〜Q＆A〜

来る可能性があります。

　このような場合には、子の氏の変更について家庭裁判所で単独での親権行使を定めてもらう（改正民法824条の２第３項）ことになると思われます*15。

Q32 具体的にこのような家庭の場合、共同親権が子どもにとって利益になるのではないかという例はありますか？

A　お子さんの年齢が高めで、お子さん本人が両親双方との交流を求めている場合などは、共同親権が実態に合っていて、お子さんの利益になるのではないでしょうか。

　個人的な経験則ですが、「一定の年齢になったお子さんは、親ではなく家に付く」ということがままあります。お子さんが大きくなりますと、「地元の友達と離れたくない、今住んでいる環境を変えたくない、一人部屋が欲しい、だから、今の家に住める方の親が親権者でいい。そして、もう一方の親とは好きに連絡を取ったり、行き来したりさせて欲しい。」そんな希望が出されることがあるのです。さらには、高校や大学進学を控えていて、その授業料をちゃんと払ってくれる側に付いていきたいという希望が出たことがあります。

　父親がローンを組んでいる家の場合、父親が自宅を取得すること

＊15　北村治樹＝松波卓也「父母の離婚後の子の養育に関する『民法等の一部を改正する法律』の解説(1)」家庭の法と裁判52号（2024年10月号）119頁参照。

が多いので、そのような場合には、親権者は父親でいい。そして、母親は自宅からそう遠くない場所に居住して、お子さんは好きな時に、母親のアパートに行って夕食を一緒に取ったり、泊まったりしているケースがありました。あるいは、母親が時々自宅に戻って、家事のフォローをしているようなケースもありました。

この場合、意外にも問題になるのは養育費です。

一見すると、母親が父親に養育費を支払えばいいように思えます。しかしながら、このようなケースですと、子どもが頻繁に自宅に来ていて、母親側にも食費がかかっていたり、一緒に買い物に行って、必要な日用品を買い与えたりしていることも多く、養育費を支払う必要があるのか？というご相談をいただくことがありました。

この場合、「共同親権」あるいは「共同親権の上で監護の分掌」という形が、実体に即しているのではないかと感じます。

Q33

離婚後、共同親権になりました。母親である私が現在長女（16歳）と、二女（12歳）を監護養育しています。今回、ご縁があってある男性と再婚をしようと考えていて、その際に、子ども達はその男性と養子縁組させようと考えています。共同親権で何か問題が生じますか？

お子さんが15歳以上の場合、お子さんが自身で養子になることを承諾し、養子縁組届にはお子さん自身で署名

をすることになります。したがって、長女が養子縁組を承諾する場合には、親権者の承諾の問題は生じません。

　一方で、お子さんが15歳未満の場合には、法定代理人の承諾が必要になります（民法797条1項）。今回のケースでいえば、親権者である父母の双方の承諾が必要になります。

　養子縁組について元夫の承諾が得られない場合には、家庭裁判所に申立てを行い、縁組の同意に代わる許可を取得することになります。この際には、縁組をすることが二女の利益のために特に必要であることを主張する必要があります（改正民法797条3項）。

巻末資料

①改正民法一部抜粋（763条〜837条）
②親子交流支援団体等（面会交流支援団体等）の一覧表

〔巻末資料①〕改正民法一部抜粋（763条～837条）

1. 民法において親子関係を規定する条文は、第4編（親族）・第2章（婚姻）・第4節（離婚）以下の763条～837条になります。以下に親子関係の部分の条文を抜粋して掲載いたします。
2. 「民法等の一部を改正する法律（令和6年法律第33号）」（3ページ参照）により改正または新設された条文は 一本線 で囲み、本文中で参照している条文は 二重線 で囲みました。

●民　法（抄）　　　　　　　　（明治29年法律第89号）

第4編　親　族
　第2章　婚　姻
　　第4節　離　婚
　　　第1款　協議上の離婚

（協議上の離婚）
第763条　夫婦は、その協議で、離婚をすることができる。

（婚姻の規定の準用）
第764条　第738条、第739条及び第747条の規定は、協議上の離婚について準用する。

（離婚の届出の受理）
第765条　離婚の届出は、その離婚が前条において準用する第

[巻末資料①] 改正民法一部抜粋（763条〜837条）

739条第2項の規定その他の法令の規定に違反しないこと及び夫婦間に成年に達しない子がある場合には次の各号のいずれかに該当することを認めた後でなければ、受理することができない。
　一　親権者の定めがされていること。
　二　親権者の指定を求める家事審判又は家事調停の申立てがされていること。
2　離婚の届出が前項の規定に違反して受理されたときであっても、離婚は、そのためにその効力を妨げられない。

（離婚後の子の監護に関する事項の定め等）
第766条　父母が協議上の離婚をするときは、子の監護をすべき者又は子の監護の分掌、父又は母と子との交流、子の監護に要する費用の分担その他の子の監護について必要な事項は、その協議で定める。この場合においては、子の利益を最も優先して考慮しなければならない。
2　前項の協議が調わないとき、又は協議をすることができないときは、家庭裁判所が、同項の事項を定める。
3　家庭裁判所は、必要があると認めるときは、前2項の規定による定めを変更し、その他子の監護について相当な処分を命ずることができる。
4　前3項の規定によっては、監護の範囲外では、父母の権利義務に変更を生じない。

（審判による父母以外の親族と子との交流の定め）
第766条の2　家庭裁判所は、前条第2項又は第3項の場合にお

いて、子の利益のため特に必要があると認めるときは、同条第1項に規定する子の監護について必要な事項として父母以外の親族と子との交流を実施する旨を定めることができる。
2　前項の定めについての前条第2項又は第3項の規定による審判の請求は、次に掲げる者（第2号に掲げる者にあっては、その者と子との交流についての定めをするため他に適当な方法がないときに限る。）がすることができる。
一　父母
二　父母以外の子の親族（子の直系尊属及び兄弟姉妹以外の者にあっては、過去に当該子を監護していた者に限る。）

（子の監護に要する費用の分担の定めがない場合の特例）
第766条の3　父母が子の監護に要する費用の分担についての定めをすることなく協議上の離婚をした場合には、父母の一方であって離婚の時から引き続きその子の監護を主として行うものは、他の一方に対し、離婚の日から、次に掲げる日のいずれか早い日までの間、毎月末に、その子の監護に要する費用の分担として、父母の扶養を受けるべき子の最低限度の生活の維持に要する標準的な費用の額その他の事情を勘案して子の数に応じて法務省令で定めるところにより算定した額の支払を請求することができる。ただし、当該他の一方は、支払能力を欠くためにその支払をすることができないこと又はその支払をすることによってその生活が著しく窮迫することを証明したときは、その全部又は一部の支払を拒むことができる。
一　父母がその協議により子の監護に要する費用の分担についての定めをした日

二　子の監護に要する費用の分担についての審判が確定した日

三　子が成年に達した日

2　離婚の日の属する月又は前項各号に掲げる日のいずれか早い日の属する月における同項の額は、法務省令で定めるところにより日割りで計算する。

3　家庭裁判所は、第766条第2項又は第3項の規定により子の監護に要する費用の分担についての定めをし又はその定めを変更する場合には、第1項の規定による債務を負う他の一方の支払能力を考慮して、当該債務の全部若しくは一部の免除又は支払の猶予その他相当な処分を命ずることができる。

（離婚による復氏等）

第767条　婚姻によって氏を改めた夫又は妻は、協議上の離婚によって婚姻前の氏に復する。

2　前項の規定により婚姻前の氏に復した夫又は妻は、離婚の日から3箇月以内に戸籍法の定めるところにより届け出ることによって、離婚の際に称していた氏を称することができる。

（財産分与）

第768条　協議上の離婚をした者の一方は、相手方に対して財産の分与を請求することができる。

2　前項の規定による財産の分与について、当事者間に協議が調わないとき、又は協議をすることができないときは、当事者は、家庭裁判所に対して協議に代わる処分を請求することができる。ただし、離婚の時から5年を経過したときは、この限りでない。

3　前項の場合には、家庭裁判所は、離婚後の当事者間の財産上

の衡平を図るため、当事者双方がその婚姻中に取得し、又は維持した財産の額及びその取得又は維持についての各当事者の寄与の程度、婚姻の期間、婚姻中の生活水準、婚姻中の協力及び扶助の状況、各当事者の年齢、心身の状況、職業及び収入その他一切の事情を考慮して、分与をさせるべきかどうか並びに分与の額及び方法を定める。この場合において、婚姻中の財産の取得又は維持についての各当事者の寄与の程度は、その程度が異なることが明らかでないときは、相等しいものとする。

（離婚による復氏の際の権利の承継）

第769条　婚姻によって氏を改めた夫又は妻が、第897条第1項の権利を承継した後、協議上の離婚をしたときは、当事者その他の関係人の協議で、その権利を承継すべき者を定めなければならない。

2　前項の協議が調わないとき、又は協議をすることができないときは、同項の権利を承継すべき者は、家庭裁判所がこれを定める。

第2款　裁判上の離婚

（裁判上の離婚）

第770条　夫婦の一方は、次に掲げる場合に限り、離婚の訴えを提起することができる。

一　配偶者に不貞な行為があったとき。
二　配偶者から悪意で遺棄されたとき。
三　配偶者の生死が3年以上明らかでないとき。

〔巻末資料①〕改正民法一部抜粋（763条〜837条）

四　その他婚姻を継続し難い重大な事由があるとき。
2　裁判所は、前項第1号から第3号までに掲げる事由がある場合であっても、一切の事情を考慮して婚姻の継続を相当と認めるときは、離婚の請求を棄却することができる。

（協議上の離婚の規定の準用）
第771条　第766条から第769条までの規定は、裁判上の離婚について準用する。

　第3章　親　子
　　第1節　実　子

（嫡出の推定）
第772条　妻が婚姻中に懐胎した子は、当該婚姻における夫の子と推定する。女が婚姻前に懐胎した子であって、婚姻が成立した後に生まれたものも、同様とする。
2　前項の場合において、婚姻の成立の日から200日以内に生まれた子は、婚姻前に懐胎したものと推定し、婚姻の成立の日から200日を経過した後又は婚姻の解消若しくは取消しの日から300日以内に生まれた子は、婚姻中に懐胎したものと推定する。
3　第1項の場合において、女が子を懐胎した時から子の出生の時までの間に2以上の婚姻をしていたときは、その子は、その出生の直近の婚姻における夫の子と推定する。
4　前3項の規定により父が定められた子について、第774条の規定によりその父の嫡出であることが否認された場合における前項の規定の適用については、同項中「直近の婚姻」とあるの

は、「直近の婚姻(第774条の規定により子がその嫡出であることが否認された夫との間の婚姻を除く。)」とする。

(父を定めることを目的とする訴え)
第773条 第732条の規定に違反して婚姻をした女が出産した場合において、前条の規定によりその子の父を定めることができないときは、裁判所が、これを定める。

(嫡出の否認)
第774条 第772条の規定により子の父が定められる場合において、父又は子は、子が嫡出であることを否認することができる。
2 前項の規定による子の否認権は、親権を行う母、親権を行う養親又は未成年後見人が、子のために行使することができる。
3 第1項に規定する場合において、母は、子が嫡出であることを否認することができる。ただし、その否認権の行使が子の利益を害することが明らかなときは、この限りでない。
4 第772条第3項の規定により子の父が定められる場合において、子の懐胎の時から出生の時までの間に母と婚姻していた者であって、子の父以外のもの(以下「前夫」という。)は、子が嫡出であることを否認することができる。ただし、その否認権の行使が子の利益を害することが明らかなときは、この限りでない。
5 前項の規定による否認権を行使し、第772条第4項の規定により読み替えられた同条第3項の規定により新たに子の父と定められた者は、第1項の規定にかかわらず、子が自らの嫡出であることを否認することができない。

〔巻末資料①〕改正民法一部抜粋（763条〜837条）

（嫡出否認の訴え）

第775条　次の各号に掲げる否認権は、それぞれ当該各号に定める者に対する嫡出否認の訴えによって行う。

一　父の否認権　子又は親権を行う母
二　子の否認権　父
三　母の否認権　父
四　前夫の否認権　父及び子又は親権を行う母

2　前項第1号又は第4号に掲げる否認権を親権を行う母に対し行使しようとする場合において、親権を行う母がないときは、家庭裁判所は、特別代理人を選任しなければならない。

（嫡出の承認）

第776条　父又は母は、子の出生後において、その嫡出であることを承認したときは、それぞれその否認権を失う。

（嫡出否認の訴えの出訴期間）

第777条　次の各号に掲げる否認権の行使に係る嫡出否認の訴えは、それぞれ当該各号に定める時から3年以内に提起しなければならない。

一　父の否認権　父が子の出生を知った時
二　子の否認権　その出生の時
三　母の否認権　子の出生の時
四　前夫の否認権　前夫が子の出生を知った時

第778条　第772条第3項の規定により父が定められた子について第774条の規定により嫡出であることが否認されたときは、

次の各号に掲げる否認権の行使に係る嫡出否認の訴えは、前条の規定にかかわらず、それぞれ当該各号に定める時から１年以内に提起しなければならない。

一　第772条第４項の規定により読み替えられた同条第３項の規定により新たに子の父と定められた者の否認権　新たに子の父と定められた者が当該子に係る嫡出否認の裁判が確定したことを知った時

二　子の否認権　子が前号の裁判が確定したことを知った時

三　母の否認権　母が第１号の裁判が確定したことを知った時

四　前夫の否認権　前夫が第１号の裁判が確定したことを知った時

第778条の２　第777条（第２号に係る部分に限る。）又は前条（第２号に係る部分に限る。）の期間の満了前６箇月以内の間に親権を行う母、親権を行う養親及び未成年後見人がないときは、子は、母若しくは養親の親権停止の期間が満了し、親権喪失若しくは親権停止の審判の取消しの審判が確定し、若しくは親権が回復された時、新たに養子縁組が成立した時又は未成年後見人が就職した時から６箇月を経過するまでの間は、嫡出否認の訴えを提起することができる。

２　子は、その父と継続して同居した期間（当該期間が２以上あるときは、そのうち最も長い期間）が３年を下回るときは、第777条（第２号に係る部分に限る。）及び前条（第２号に係る部分に限る。）の規定にかかわらず、21歳に達するまでの間、嫡出否認の訴えを提起することができる。ただし、子の否認権の行使が父による養育の状況に照らして父の利益を著しく害する

ときは、この限りでない。
3 　第774条第2項の規定は、前項の場合には、適用しない。
4 　第777条（第4号に係る部分に限る。）及び前条（第4号に係る部分に限る。）に掲げる否認権の行使に係る嫡出否認の訴えは、子が成年に達した後は、提起することができない。

（子の監護に要した費用の償還の制限）
第778条の3　第774条の規定により嫡出であることが否認された場合であっても、子は、父であった者が支出した子の監護に要した費用を償還する義務を負わない。

（相続の開始後に新たに子と推定された者の価額の支払請求権）
第778条の4　相続の開始後、第774条の規定により否認権が行使され、第772条第4項の規定により読み替えられた同条第3項の規定により新たに被相続人がその父と定められた者が相続人として遺産の分割を請求しようとする場合において、他の共同相続人が既にその分割その他の処分をしていたときは、当該相続人の遺産分割の請求は、価額のみによる支払の請求により行うものとする。

（認知）
第779条　嫡出でない子は、その父又は母がこれを認知することができる。

（認知能力）
第780条　認知をするには、父又は母が未成年者又は成年被後見

人であるときであっても、その法定代理人の同意を要しない。

（認知の方式）

第781条　認知は、戸籍法の定めるところにより届け出ることによってする。

2　認知は、遺言によっても、することができる。

（成年の子の認知）

第782条　成年の子は、その承諾がなければ、これを認知することができない。

（胎児又は死亡した子の認知）

第783条　父は、胎内に在る子でも、認知することができる。この場合においては、母の承諾を得なければならない。

2　前項の子が出生した場合において、第772条の規定によりその子の父が定められるときは、同項の規定による認知は、その効力を生じない。

3　父又は母は、死亡した子でも、その直系卑属があるときに限り、認知することができる。この場合において、その直系卑属が成年者であるときは、その承諾を得なければならない。

（認知の効力）

第784条　認知は、出生の時にさかのぼってその効力を生ずる。ただし、第三者が既に取得した権利を害することはできない。

〔巻末資料①〕改正民法一部抜粋（763条～837条）

（認知の取消しの禁止）
第785条 認知をした父又は母は、その認知を取り消すことができない。

（認知の無効の訴え）
第786条 次の各号に掲げる者は、それぞれ当該各号に定める時（第783条第１項の規定による認知がされた場合にあっては、子の出生の時）から７年以内に限り、認知について反対の事実があることを理由として、認知の無効の訴えを提起することができる。ただし、第３号に掲げる者について、その認知の無効の主張が子の利益を害することが明らかなときは、この限りでない。

一 子又はその法定代理人　子又はその法定代理人が認知を知った時

二 認知をした者　認知の時

三 子の母　子の母が認知を知った時

2 子は、その子を認知した者と認知後に継続して同居した期間（当該期間が２以上あるときは、そのうち最も長い期間）が３年を下回るときは、前項（第１号に係る部分に限る。）の規定にかかわらず、21歳に達するまでの間、認知の無効の訴えを提起することができる。ただし、子による認知の無効の主張が認知をした者による養育の状況に照らして認知をした者の利益を著しく害するときは、この限りでない。

3 前項の規定は、同項に規定する子の法定代理人が第１項の認知の無効の訴えを提起する場合には、適用しない。

4 第１項及び第２項の規定により認知が無効とされた場合であ

っても、子は、認知をした者が支出した子の監護に要した費用を償還する義務を負わない。

（認知の訴え）
第787条　子、その直系卑属又はこれらの者の法定代理人は、認知の訴えを提起することができる。ただし、父又は母の死亡の日から3年を経過したときは、この限りでない。

（認知後の子の監護に関する事項の定め等）
第788条　第766条から第766条の3までの規定は、父が認知する場合について準用する。

（準正）
第789条　父が認知した子は、その父母の婚姻によって嫡出子の身分を取得する。
2　婚姻中父母が認知した子は、その認知の時から、嫡出子の身分を取得する。
3　前2項の規定は、子が既に死亡していた場合について準用する。

（子の氏）
第790条　嫡出である子は、父母の氏を称する。ただし、子の出生前に父母が離婚したときは、離婚の際における父母の氏を称する。
2　嫡出でない子は、母の氏を称する。

〔巻末資料①〕改正民法一部抜粋（763条～837条）

（子の氏の変更）
第791条　子が父又は母と氏を異にする場合には、子は、家庭裁判所の許可を得て、戸籍法の定めるところにより届け出ることによって、その父又は母の氏を称することができる。
2　父又は母が氏を改めたことにより子が父母と氏を異にする場合には、子は、父母の婚姻中に限り、前項の許可を得ないで、戸籍法の定めるところにより届け出ることによって、その父母の氏を称することができる。
3　子が15歳未満であるときは、その法定代理人が、これに代わって、前2項の行為をすることができる。
4　前3項の規定により氏を改めた未成年の子は、成年に達した時から1年以内に戸籍法の定めるところにより届け出ることによって、従前の氏に復することができる。

第2節　養　子
　　第1款　縁組の要件

（養親となる者の年齢）
第792条　20歳に達した者は、養子をすることができる。

（尊属又は年長者を養子とすることの禁止）
第793条　尊属又は年長者は、これを養子とすることができない。

（後見人が被後見人を養子とする縁組）
第794条　後見人が被後見人（未成年被後見人及び成年被後見人をいう。以下同じ。）を養子とするには、家庭裁判所の許可を

得なければならない。後見人の任務が終了した後、まだその管理の計算が終わらない間も、同様とする。

（配偶者のある者が未成年者を養子とする縁組）

第795条 配偶者のある者が未成年者を養子とするには、配偶者とともにしなければならない。ただし、配偶者の嫡出である子を養子とする場合又は配偶者がその意思を表示することができない場合は、この限りでない。

（配偶者のある者の縁組）

第796条 配偶者のある者が縁組をするには、その配偶者の同意を得なければならない。ただし、配偶者とともに縁組をする場合又は配偶者がその意思を表示することができない場合は、この限りでない。

（15歳未満の者を養子とする縁組）

第797条 養子となる者が15歳未満であるときは、その法定代理人が、これに代わって、縁組の承諾をすることができる。

2　法定代理人が前項の承諾をするには、養子となる者の父母でその監護をすべき者であるものが他にあるときは、その同意を得なければならない。養子となる者の父母で親権を停止されているものがあるときも、同様とする。

3　第1項の縁組をすることが子の利益のため特に必要であるにもかかわらず、養子となる者の父母でその監護をすべき者であるものが縁組の同意をしないときは、家庭裁判所は、養子となる者の法定代理人の請求により、その同意に代わる許可を与え

ることができる。同項の縁組をすることが子の利益のため特に必要であるにもかかわらず、養子となる者の父母で親権を停止されているものが縁組の同意をしないときも、同様とする。

4 　第1項の承諾に係る親権の行使について第824条の2第3項に規定する請求を受けた家庭裁判所は、第1項の縁組をすることが子の利益のため特に必要であると認めるときに限り、同条第3項の規定による審判をすることができる。

（未成年者を養子とする縁組）

第798条　未成年者を養子とするには、家庭裁判所の許可を得なければならない。ただし、自己又は配偶者の直系卑属を養子とする場合は、この限りでない。

（婚姻の規定の準用）

第799条　第738条及び第739条の規定は、縁組について準用する。

（縁組の届出の受理）

第800条　縁組の届出は、その縁組が第792条から前条までの規定その他の法令の規定に違反しないことを認めた後でなければ、受理することができない。

（外国に在る日本人間の縁組の方式）

第801条　外国に在る日本人間で縁組をしようとするときは、その国に駐在する日本の大使、公使又は領事にその届出をすることができる。この場合においては、第799条において準用する第739条の規定及び前条の規定を準用する。

第2款　縁組の無効及び取消し

(縁組の無効)
第802条　縁組は、次に掲げる場合に限り、無効とする。
　一　人違いその他の事由によって当事者間に縁組をする意思がないとき。
　二　当事者が縁組の届出をしないとき。ただし、その届出が第799条において準用する第739条第2項に定める方式を欠くだけであるときは、縁組は、そのためにその効力を妨げられない。

(縁組の取消し)
第803条　縁組は、次条から第808条までの規定によらなければ、取り消すことができない。

(養親が20歳未満の者である場合の縁組の取消し)
第804条　第792条の規定に違反した縁組は、養親又はその法定代理人から、その取消しを家庭裁判所に請求することができる。ただし、養親が、20歳に達した後6箇月を経過し、又は追認をしたときは、この限りでない。

(養子が尊属又は年長者である場合の縁組の取消し)
第805条　第793条の規定に違反した縁組は、各当事者又はその親族から、その取消しを家庭裁判所に請求することができる。

〔巻末資料①〕改正民法一部抜粋（763条〜837条）

（後見人と被後見人との間の無許可縁組の取消し）

第806条　第794条の規定に違反した縁組は、養子又はその実方の親族から、その取消しを家庭裁判所に請求することができる。ただし、管理の計算が終わった後、養子が追認をし、又は6箇月を経過したときは、この限りでない。

2　前項ただし書の追認は、養子が、成年に達し、又は行為能力を回復した後にしなければ、その効力を生じない。

3　養子が、成年に達せず、又は行為能力を回復しない間に、管理の計算が終わった場合には、第1項ただし書の期間は、養子が、成年に達し、又は行為能力を回復した時から起算する。

（配偶者の同意のない縁組等の取消し）

第806条の2　第796条の規定に違反した縁組は、縁組の同意をしていない者から、その取消しを家庭裁判所に請求することができる。ただし、その者が、縁組を知った後6箇月を経過し、又は追認をしたときは、この限りでない。

2　詐欺又は強迫によって第796条の同意をした者は、その縁組の取消しを家庭裁判所に請求することができる。ただし、その者が、詐欺を発見し、若しくは強迫を免れた後6箇月を経過し、又は追認をしたときは、この限りでない。

（子の監護をすべき者の同意のない縁組等の取消し）

第806条の3　第797条第2項の規定に違反した縁組は、縁組の同意をしていない者から、その取消しを家庭裁判所に請求することができる。ただし、その者が追認をしたとき、又は養子が15歳に達した後6箇月を経過し、若しくは追認をしたときは、

この限りでない。

2　前条第2項の規定は、詐欺又は強迫によって第797条第2項の同意をした者について準用する。

（養子が未成年者である場合の無許可縁組の取消し）

第807条　第798条の規定に違反した縁組は、養子、その実方の親族又は養子に代わって縁組の承諾をした者から、その取消しを家庭裁判所に請求することができる。ただし、養子が、成年に達した後6箇月を経過し、又は追認をしたときは、この限りでない。

（婚姻の取消し等の規定の準用）

第808条　第747条及び第748条の規定は、縁組について準用する。この場合において、第747条第2項中「3箇月」とあるのは、「6箇月」と読み替えるものとする。

2　第769条及び第816条の規定は、縁組の取消しについて準用する。

　　　第3款　縁組の効力

（嫡出子の身分の取得）

第809条　養子は、縁組の日から、養親の嫡出子の身分を取得する。

（養子の氏）

第810条　養子は、養親の氏を称する。ただし、婚姻によって氏

〔巻末資料①〕改正民法一部抜粋（763条〜837条）

を改めた者については、婚姻の際に定めた氏を称すべき間は、この限りでない。

第4款　離　縁

（協議上の離縁等）

第811条　縁組の当事者は、その協議で、離縁をすることができる。

2　養子が15歳未満であるときは、その離縁は、養親と養子の離縁後にその法定代理人となるべき者との協議でこれをする。

3　前項の場合において、養子の父母が離婚しているときは、その協議で、その双方又は一方を養子の離縁後にその親権者となるべき者と定めなければならない。

4　前項の協議が調わないとき、又は協議をすることができないときは、家庭裁判所は、同項の父若しくは母又は養親の請求によって、協議に代わる審判をすることができる。この場合においては、第819条第7項の規定を準用する。

5　第2項の法定代理人となるべき者がないときは、家庭裁判所は、養子の親族その他の利害関係人の請求によって、養子の離縁後にその未成年後見人となるべき者を選任する。

6　縁組の当事者の一方が死亡した後に生存当事者が離縁をしようとするときは、家庭裁判所の許可を得て、これをすることができる。

（夫婦である養親と未成年者との離縁）

第811条の2　養親が夫婦である場合において未成年者と離縁を

するには、夫婦が共にしなければならない。ただし、夫婦の一方がその意思を表示することができないときは、この限りでない。

（婚姻の規定の準用）
第812条　第738条、第739条及び第747条の規定は、協議上の離縁について準用する。この場合において、同条第2項中「3箇月」とあるのは、「6箇月」と読み替えるものとする。

（離縁の届出の受理）
第813条　離縁の届出は、その離縁が前条において準用する第739条第2項の規定並びに第811条及び第811条の2の規定その他の法令の規定に違反しないことを認めた後でなければ、受理することができない。
2　離縁の届出が前項の規定に違反して受理されたときであっても、離縁は、そのためにその効力を妨げられない。

（裁判上の離縁）
第814条　縁組の当事者の一方は、次に掲げる場合に限り、離縁の訴えを提起することができる。
　一　他の一方から悪意で遺棄されたとき。
　二　他の一方の生死が3年以上明らかでないとき。
　三　その他縁組を継続し難い重大な事由があるとき。
2　第770条第2項の規定は、前項第1号及び第2号に掲げる場合について準用する。

(養子が15歳未満である場合の離縁の訴えの当事者)

第815条　養子が15歳に達しない間は、第811条の規定により養親と離縁の協議をすることができる者から、又はこれに対して、離縁の訴えを提起することができる。

(離縁による復氏等)

第816条　養子は、離縁によって縁組前の氏に復する。ただし、配偶者とともに養子をした養親の一方のみと離縁をした場合は、この限りでない。

2　縁組の日から7年を経過した後に前項の規定により縁組前の氏に復した者は、離縁の日から3箇月以内に戸籍法の定めるところにより届け出ることによって、離縁の際に称していた氏を称することができる。

(離縁による復氏の際の権利の承継)

第817条　第769条の規定は、離縁について準用する。

第5款　特別養子

(特別養子縁組の成立)

第817条の2　家庭裁判所は、次条から第817条の7までに定める要件があるときは、養親となる者の請求により、実方の血族との親族関係が終了する縁組(以下この款において「特別養子縁組」という。)を成立させることができる。

2　前項に規定する請求をするには、第794条又は第798条の許可を得ることを要しない。

（養親の夫婦共同縁組）

第817条の3　養親となる者は、配偶者のある者でなければならない。

2　夫婦の一方は、他の一方が養親とならないときは、養親となることができない。ただし、夫婦の一方が他の一方の嫡出である子（特別養子縁組以外の縁組による養子を除く。）の養親となる場合は、この限りでない。

（養親となる者の年齢）

第817条の4　25歳に達しない者は、養親となることができない。ただし、養親となる夫婦の一方が25歳に達していない場合においても、その者が20歳に達しているときは、この限りでない。

（養子となる者の年齢）

第817条の5　第817条の2に規定する請求の時に15歳に達している者は、養子となることができない。特別養子縁組が成立するまでに18歳に達した者についても、同様とする。

2　前項前段の規定は、養子となる者が15歳に達する前から引き続き養親となる者に監護されている場合において、15歳に達するまでに第817条の2に規定する請求がされなかったことについてやむを得ない事由があるときは、適用しない。

3　養子となる者が15歳に達している場合においては、特別養子縁組の成立には、その者の同意がなければならない。

（父母の同意）

第817条の6　特別養子縁組の成立には、養子となる者の父母の

同意がなければならない。ただし、父母がその意思を表示することができない場合又は父母による虐待、悪意の遺棄その他養子となる者の利益を著しく害する事由がある場合は、この限りでない。

（子の利益のための特別の必要性）

第817条の7　特別養子縁組は、父母による養子となる者の監護が著しく困難又は不適当であることその他特別の事情がある場合において、子の利益のため特に必要があると認めるときに、これを成立させるものとする。

（監護の状況）

第817条の8　特別養子縁組を成立させるには、養親となる者が養子となる者を6箇月以上の期間監護した状況を考慮しなければならない。

2　前項の期間は、第817条の2に規定する請求の時から起算する。ただし、その請求前の監護の状況が明らかであるときは、この限りでない。

（実方との親族関係の終了）

第817条の9　養子と実方の父母及びその血族との親族関係は、特別養子縁組によって終了する。ただし、第817条の3第2項ただし書に規定する他の一方及びその血族との親族関係については、この限りでない。

(特別養子縁組の離縁)

第817条の10 次の各号のいずれにも該当する場合において、養子の利益のため特に必要があると認めるときは、家庭裁判所は、養子、実父母又は検察官の請求により、特別養子縁組の当事者を離縁させることができる。
　一　養親による虐待、悪意の遺棄その他養子の利益を著しく害する事由があること。
　二　実父母が相当の監護をすることができること。
2　離縁は、前項の規定による場合のほか、これをすることができない。

(離縁による実方との親族関係の回復)

第817条の11　養子と実父母及びその血族との間においては、離縁の日から、特別養子縁組によって終了した親族関係と同一の親族関係を生ずる。

　　　　第3節　親の責務等

(親の責務等)

第817条の12　父母は、子の心身の健全な発達を図るため、その子の人格を尊重するとともに、その子の年齢及び発達の程度に配慮してその子を養育しなければならず、かつ、その子が自己と同程度の生活を維持することができるよう扶養しなければならない。
2　父母は、婚姻関係の有無にかかわらず、子に関する権利の行使又は義務の履行に関し、その子の利益のため、互いに人格を

〔巻末資料①〕改正民法一部抜粋（763条〜837条）

尊重し協力しなければならない。

（親子の交流等）

第817条の13　第766条（第749条、第771条及び第788条において準用する場合を含む。）の場合のほか、子と別居する父又は母その他の親族と当該子との交流について必要な事項は、父母の協議で定める。この場合においては、子の利益を最も優先して考慮しなければならない。

2　前項の協議が調わないとき、又は協議をすることができないときは、家庭裁判所が、父又は母の請求により、同項の事項を定める。

3　家庭裁判所は、必要があると認めるときは、父又は母の請求により、前2項の規定による定めを変更することができる。

4　前2項の請求を受けた家庭裁判所は、子の利益のため特に必要があると認めるときに限り、父母以外の親族と子との交流を実施する旨を定めることができる。

5　前項の定めについての第2項又は第3項の規定による審判の請求は、父母以外の子の親族（子の直系尊属及び兄弟姉妹以外の者にあっては、過去に当該子を監護していた者に限る。）もすることができる。ただし、当該親族と子との交流についての定めをするため他に適当な方法があるときは、この限りでない。

第4章　親　権

第1節　総　則

(親権)

第818条　親権は、成年に達しない子について、その子の利益のために行使しなければならない。

2　父母の婚姻中はその双方を親権者とする。

3　子が養子であるときは、次に掲げる者を親権者とする。

一　養親（当該子を養子とする縁組が2以上あるときは、直近の縁組により養親となった者に限る。）

二　子の父母であって、前号に掲げる養親の配偶者であるもの

(離婚又は認知の場合の親権者)

第819条　父母が協議上の離婚をするときは、その協議で、その双方又は一方を親権者と定める。

2　裁判上の離婚の場合には、裁判所は、父母の双方又は一方を親権者と定める。

3　子の出生前に父母が離婚した場合には、親権は、母が行う。ただし、子の出生後に、父母の協議で、父母の双方又は父を親権者と定めることができる。

4　父が認知した子に対する親権は、母が行う。ただし、父母の協議で、父母の双方又は父を親権者と定めることができる。

5　第1項、第3項又は前項の協議が調わないとき、又は協議をすることができないときは、家庭裁判所は、父又は母の請求によって、協議に代わる審判をすることができる。

6　子の利益のため必要があると認めるときは、家庭裁判所は、子又はその親族の請求によって、親権者を変更することができる。

7　裁判所は、第2項又は前2項の裁判において、父母の双方を

〔巻末資料①〕改正民法一部抜粋（763条～837条）

親権者と定めるかその一方を親権者と定めるかを判断するに当たっては、子の利益のため、父母と子との関係、父と母との関係その他一切の事情を考慮しなければならない。この場合において、次の各号のいずれかに該当するときその他の父母の双方を親権者と定めることにより子の利益を害すると認められるときは、父母の一方を親権者と定めなければならない。

一　父又は母が子の心身に害悪を及ぼすおそれがあると認められるとき。

二　父母の一方が他の一方から身体に対する暴力その他の心身に有害な影響を及ぼす言動（次項において「暴力等」という。）を受けるおそれの有無、第１項、第３項又は第４項の協議が調わない理由その他の事情を考慮して、父母が共同して親権を行うことが困難であると認められるとき。

8　第６項の場合において、家庭裁判所は、父母の協議により定められた親権者を変更することが子の利益のため必要であるか否かを判断するに当たっては、当該協議の経過、その後の事情の変更その他の事情を考慮するものとする。この場合において、当該協議の経過を考慮するに当たっては、父母の一方から他の一方への暴力等の有無、家事事件手続法による調停の有無又は裁判外紛争解決手続（裁判外紛争解決手続の利用の促進に関する法律（平成16年法律第151号）第１条に規定する裁判外紛争解決手続をいう。）の利用の有無、協議の結果についての公正証書の作成の有無その他の事情をも勘案するものとする。

第２節　親権の効力

（監護及び教育の権利義務）
第820条　親権を行う者は、子の利益のために子の監護及び教育をする権利を有し、義務を負う。

（子の人格の尊重等）
第821条　親権を行う者は、前条の規定による監護及び教育をするに当たっては、子の人格を尊重するとともに、その年齢及び発達の程度に配慮しなければならず、かつ、体罰その他の子の心身の健全な発達に有害な影響を及ぼす言動をしてはならない。

（居所の指定）
第822条　子は、親権を行う者が指定した場所に、その居所を定めなければならない。

（職業の許可）
第823条　子は、親権を行う者の許可を得なければ、職業を営むことができない。
2　親権を行う者は、第6条第2項の場合には、前項の許可を取り消し、又はこれを制限することができる。

（財産の管理及び代表）
第824条　親権を行う者は、子の財産を管理し、かつ、その財産に関する法律行為についてその子を代表する。ただし、その子の行為を目的とする債務を生ずべき場合には、本人の同意を得なければならない。

〔巻末資料①〕改正民法一部抜粋（763条～837条）

（親権の行使方法等）
第824条の2 親権は、父母が共同して行う。ただし、次に掲げるときは、その一方が行う。
一 その一方のみが親権者であるとき。
二 他の一方が親権を行うことができないとき。
三 子の利益のため急迫の事情があるとき。
2 父母は、その双方が親権者であるときであっても、前項本文の規定にかかわらず、監護及び教育に関する日常の行為に係る親権の行使を単独ですることができる。
3 特定の事項に係る親権の行使（第1項ただし書又は前項の規定により父母の一方が単独で行うことができるものを除く。）について、父母間に協議が調わない場合であって、子の利益のため必要があると認めるときは、家庭裁判所は、父又は母の請求により、当該事項に係る親権の行使を父母の一方が単独ですることができる旨を定めることができる。

（監護者の権利義務）
第824条の3 第766条（第749条、第771条及び第788条において準用する場合を含む。）の規定により定められた子の監護をすべき者は、第820条から第823条までに規定する事項について、親権を行う者と同一の権利義務を有する。この場合において、子の監護をすべき者は、単独で、子の監護及び教育、居所の指定及び変更並びに営業の許可、その許可の取消し及びその制限をすることができる。
2 前項の場合には、親権を行う者（子の監護をすべき者を除く。）は、子の監護をすべき者が同項後段の規定による行為を

することを妨げてはならない。

（父母の一方が共同の名義でした行為の効力）
第825条　父母が共同して親権を行う場合において、父母の一方が、共同の名義で、子に代わって法律行為をし又は子がこれをすることに同意したときは、その行為は、他の一方の意思に反したときであっても、そのためにその効力を妨げられない。ただし、相手方が悪意であったときは、この限りでない。

（利益相反行為）
第826条　親権を行う父又は母とその子との利益が相反する行為については、親権を行う者は、その子のために特別代理人を選任することを家庭裁判所に請求しなければならない。
2　親権を行う者が数人の子に対して親権を行う場合において、その1人と他の子との利益が相反する行為については、親権を行う者は、その一方のために特別代理人を選任することを家庭裁判所に請求しなければならない。

（財産の管理における注意義務）
第827条　親権を行う者は、自己のためにするのと同一の注意をもって、その管理権を行わなければならない。

（財産の管理の計算）
第828条　子が成年に達したときは、親権を行った者は、遅滞なくその管理の計算をしなければならない。ただし、その子の養育及び財産の管理の費用は、その子の財産の収益と相殺したも

〔巻末資料①〕改正民法一部抜粋（763条～837条）

のとみなす。

第829条　前条ただし書の規定は、無償で子に財産を与える第三者が反対の意思を表示したときは、その財産については、これを適用しない。

（第三者が無償で子に与えた財産の管理）
第830条　無償で子に財産を与える第三者が、親権を行う父又は母にこれを管理させない意思を表示したときは、その財産は、父又は母の管理に属しないものとする。
2　前項の財産につき父母が共に管理権を有しない場合において、第三者が管理者を指定しなかったときは、家庭裁判所は、子、その親族又は検察官の請求によって、その管理者を選任する。
3　第三者が管理者を指定したときであっても、その管理者の権限が消滅し、又はこれを改任する必要がある場合において、第三者が更に管理者を指定しないときも、前項と同様とする。
4　第27条から第29条までの規定は、前2項の場合について準用する。

（委任の規定の準用）
第831条　第654条及び第655条の規定は、親権を行う者が子の財産を管理する場合及び前条の場合について準用する。

（財産の管理について生じた親子間の債権の消滅時効）
第832条　親権を行った者とその子との間に財産の管理について生じた債権は、その管理権が消滅した時から5年間これを行使

しないときは、時効によって消滅する。
2　子がまだ成年に達しない間に管理権が消滅した場合において子に法定代理人がないときは、前項の期間は、その子が成年に達し、又は後任の法定代理人が就職した時から起算する。

（子に代わる親権の行使）
第833条　父又は母が成年に達しない子であるときは、当該子について親権を行う者が当該子に代わって親権を行う。

　　　第3節　親権の喪失

（親権喪失の審判）
第834条　父又は母による虐待又は悪意の遺棄があるときその他父又は母による親権の行使が著しく困難又は不適当であることにより子の利益を著しく害するときは、家庭裁判所は、子、その親族、未成年後見人、未成年後見監督人又は検察官の請求により、その父又は母について、親権喪失の審判をすることができる。ただし、2年以内にその原因が消滅する見込みがあるときは、この限りでない。

（親権停止の審判）
第834条の2　父又は母による親権の行使が困難又は不適当であることにより子の利益を害するときは、家庭裁判所は、子、その親族、未成年後見人、未成年後見監督人又は検察官の請求により、その父又は母について、親権停止の審判をすることができる。

2 家庭裁判所は、親権停止の審判をするときは、その原因が消滅するまでに要すると見込まれる期間、子の心身の状態及び生活の状況その他一切の事情を考慮して、2年を超えない範囲内で、親権を停止する期間を定める。

（管理権喪失の審判）

第835条 父又は母による管理権の行使が困難又は不適当であることにより子の利益を害するときは、家庭裁判所は、子、その親族、未成年後見人、未成年後見監督人又は検察官の請求により、その父又は母について、管理権喪失の審判をすることができる。

（親権喪失、親権停止又は管理権喪失の審判の取消し）

第836条 第834条本文、第834条の2第1項又は前条に規定する原因が消滅したときは、家庭裁判所は、本人又はその親族の請求によって、それぞれ親権喪失、親権停止又は管理権喪失の審判を取り消すことができる。

（親権又は管理権の辞任及び回復）

第837条 親権を行う父又は母は、やむを得ない事由があるときは、家庭裁判所の許可を得て、親権又は管理権を辞することができる。

2 前項の事由が消滅したときは、父又は母は、家庭裁判所の許可を得て、親権又は管理権を回復することができる。

以下省略

[巻末資料②] 親子交流支援団体等（面会交流支援団体等）の一覧表（法務省HPより）［一部加工］

令和7年1月 法務省民事局

（注意事項）

この一覧表は、法務省ホームページへの掲載を希望された親子交流支援団体等（親子交流支援・個人。以下同じ。）を掲載したものであり、全ての親子交流支援団体等が掲載されているものではありません。また、法務省が親子交流支援団体等の活動内容を調査したり、民間の団体や個人であり、公的機関が運営するものではありません。また、法務省が親子交流支援団体等の活動内容を保証したりするものではありません。
親子交流支援団体等が法務省の参考指針を遵守しているかや活動内容などについては、各親子交流支援団体等にお問合せいただくとともに、具体的な支援内容や支援条件については、利用の際に各親子交流支援団体等によく確認するようにしてください。

● 一覧表（都道府県別・五十音順）

※原則として親子交流支援団体等から寄せられた情報をそのまま掲載しています。また、支援団体によっては、支援に一定の条件がある場合もありますので、実際の支援内容等については、各親子交流支援団体等にお問い合わせください。
※所在地が個人の住所までしか記載していないことがある場合や、市区町村までの場合など、市区町村人の住所までしか記載していないことがあります。

＊法務省のHPはこちら ⇒ https://www.moj.go.jp/MINJI/minji07_00286.html

【北海道・東北地方】

都道府県	名称	所在地	支援関係者の資格・経歴の例	連絡先	ホームページアドレス
北海道	一般社団法人アイエムイー	札幌市中央区大通西16丁目1番地13 けいほくビル6階	保育士	電話：011-215-9904 メール：info@chiiki-imi.org	https://menkai.chiiki-imi.org/
	アタッチメント・サポート	北海道釧路市	保育士	メール：info@attachment-support.com 電話：090-3396-1840	https://attachment-support.com/ https://attachment-support.com/wp-content/uploads/lp_link2.pdf

199

〔巻末資料②〕親子交流支援団体等（面会交流支援団体等）の一覧表

	団体名	所在地	スタッフ	連絡先	URL
北海道	帯広おやこ面会交流の会（通称・しおんの会）	北海道帯広市西6条南31丁目5-2	弁護士、元調停委員、一部現職調停委員	電話：090-6445-5288	http://sapporo-oyako.org/
	札幌おやこ面会交流の会	札幌市中央区南2条西12丁目323-9 クリスタルパレス'95 2051号室	弁護士、臨床心理士、元家事調停委員、元家裁調査官、元裁判所書記官	電話：FAX：011-261-3990	
	ビジネットグループ 株式会社・おすとまらんど	北海道旭川市7条通13丁目59番地	保育士	メール：info@okosamalaunch.com 問合せフォーム：https://docs.google.com/forms/d/e/1FAIpQLSe_NDGY_fmmbYqUuBuNVmbTMkBVvrH_ejd50hmBIHiLKLnLxQ/viewform	https://okosamalaunch.com
	株式会社びりじあん・ファミリー	札幌市西区琴似2条4丁目1番24号 やまテビル2F	保育士、心理カウンセラー、元保護司	電話：050-3697-4347 メール：birifami99@gmail.com	http://virifami.com
岩手県	公益社団法人家庭問題情報センター盛岡ファミリー相談室	盛岡市門一丁目2番15号	元家裁調査官、元家事調停委員等	電話：080-9254-1454	https://buranko2215.web.fc2.com/
	親子の面会交流支援室「ぐっどぺあれんつ・いわて」	岩手県盛岡市内丸17-7 藤島ビル201	教員、保育士、母子支援施設職員、放課後児童支援員、スクールソーシャルワーカー、不登校支援員、市議会議員、民生委員	電話：0120-153-215 メール：info@goodparents-iwate.net 問合せフォーム：https://goodparents-iwate.net/contact	https://goodparents-iwate.net/
宮城県	仙台家庭問題相談センター	仙台市青葉区北目町2丁目39番地東北中心ビル3A	臨床心理士、家庭相談士、心理カウンセラー	電話：022-716-1181 メール：sendaisoudan@gmail.com 問合せフォーム：http://www.tdir.jp/contact/index.html	http://www.tdir.jp/

都道府県	名称	所在地	支援関係者の資格・経歴の例	連絡先	ホームページアドレス
山形県	特定非営利活動法人面会交流支援虹の会やまがた	山形市小白川町2丁目3番30号 山形県小白川庁舎内4階	家事調停委員、元家裁調査官、児童福祉臨床家、弁護士等	電話：080-3329-2919 メール：menkai.y.application@gmail.com	https://sites.google.com/view/menkai-y/home

【関東地方】

都道府県	名称	所在地	支援関係者の資格・経歴の例	連絡先	ホームページアドレス
栃木県	公益社団法人家庭問題情報センター宇都宮ファミリー相談室	宇都宮市大曽4丁目7番2号	元家裁調査官、元家事調停委員等	電話：070-4810-0756	https://sites.google.com/view/nirenaka32/
群馬県	一般社団法人円満離婚ソサエティ	前橋市大渡町一丁目6-9 津田ビル302	特定行政書士、司法書士、カウンセラー	電話：027-252-5624	http://society2021.livedoor.blog/ https://ennmannkonn-society.jimdosite.com/
群馬県	ビジテーション群馬	群馬県前橋市	元家事調停委員、元民事調停委員、元教諭、名誉教授、保護司、児童民生委員、精神心理カウンセラー、看護師、介護福祉士、薬剤師、司法書士、行政書士	電話：090-6154-5509 メール：suzuki88pmykc04@gmail.com qgxsj814@yahoo.co.jp	https://drive.google.com/file/d/1wmsC-sPMKZOs9Z2W9w1wyn7xF0EcEmxe/view?usp=sharing
茨城県	一般社団法人おやこリンクサービス（本部）	茨城県つくば市	家庭問題カウンセラー、心理カウンセラー、認知行動療法カウンセラー、家族療法カウンセラー、チャイルドカウンセラー、児童発達支援士、産業カウンセラー、保育士、元看護師、弁護士	電話：0298-11-8464 メール：info@oyakolink.org 問合せフォーム：https//oyakolink.org/contactcts.html 公式LINE：https//lin.ee/YYThhT87	https://oyakolink.org/

〔巻末資料②〕親子交流支援団体等（面会交流支援団体等）の一覧表

	団体名	所在地	構成員	連絡先	URL
埼玉県	特定非営利活動法人面会交流支援こどものおうち	熊谷市万平町2丁目23番地	元家裁調査官、家事調停委員等	電話：048-577-3467 メール：kodomonoouchi@outlook.jp 問合せフォーム：https://kumagaya-kodomojimdofree.com/	https://kumagaya-kodomo.jimdofree.com/
千葉県	一般社団法人おやこリンクサービス（千葉支部）	千葉県柏市	家庭問題カウンセラー、心理カウンセラー、認知行動療法カウンセラー、家族療法カウンセラー、チャイルドカウンセラー、児童発達支援士、産業カウンセラー、保育士、元看護師、弁護士	電話：0298-11-8464 メール：info@oyakolink.org 問合せフォーム：https://oyakolink.org/contacts.html 公式LINE：https://lin.ee/YYThhT87	https://oyakolink.org
千葉県	公益社団法人家庭問題情報センター千葉ファミリー相談室	千葉市中央区中央四丁目12番1号 KA中央ビル3階	元家裁調査官、元家事調停委員等	電話：043-227-4716	http://www.fpic-chiba.com/
東京都	特定非営利活動法人親子の絆for Japan	東京都墨田区太平4-15-3-1003	社会保険労務士、産業カウンセラー、医師等（ほか海外児童支援団体、弁護士、心理士らと連携）	電話番号：090-6380-5833 代表メール：tomio.kitakami@parent-child-bond.com 問合せフォーム：https://parent-child-bond.com/contact/	https://parent-child-bond.com/
東京都	一般社団法人おやこリンクサービス（東京支部）	東京都三鷹市	家庭問題カウンセラー、心理カウンセラー、認知行動療法カウンセラー、家族療法カウンセラー、チャイルドカウンセラー、児童発達支援士、産業カウンセラー、保育士、元看護師、弁護士	電話：0298-11-8464 メール：info@oyakolink.org 問合せフォーム：https://oyakolink.org/contacts.html 公式LINE：https://lin.ee/YYThhT87	https://oyakolink.org/

東京都	一般社団法人オンネリ	立川市曙町1-25-12 オリンピック曙町ビル7階あけぼの総合法律事務所内	弁護士、元家事調停員、保育士、保育補助者等	問合せフォーム：https://www.onnelli.net/	https://www.onnelli.net/
	公益社団法人家庭問題情報センター東京ファミリー相談室	豊島区西池袋二丁目29番19号 池袋KTビル10階	元家裁調査官、元家事調停委員等	電話：03-3971-3741	http://www1.odn.ne.jp/fpic/
	合同会社カムレイドトウキョウ・ジャパン	東京都港区浜松町2-2-15 浜松町ダイヤビル2F	経営コンサルタント、会社経営、環境関連会社役員等	電話：03-6854-8811	https://comrade-kodomoshien.com/
	特定非営利活動法人JUST・JUST面会交流支援	港区麻布十番2-14-7 田辺ビル302号室	臨床心理士、日本家族と子どもセラピスト学会認定セラピスト、米国Supervised Visitation Network 24H Certificate Training修了者等	電話：03-6453-6705 メール：visitation@just.or.jp	https://www.just.or.jp/?page_id=9244
	一般社団法人Turn to Smile たんとすまいる	港区浜松町2-2-15 浜松町ダイヤビル2F	臨床心理士、心理カウンセラー、保育士、元教員、元学童指導員	電話：070-4234-2424 メール：info@turn-to-smile.org 問合せフォーム：https://www.menkai-support.com/%E3%81%8A%E7%94%B3%E3%81%97%E8%BE%BC%E3%81%BF/	https://www.menkai-support.com/
	東京都ひとり親家庭支援センターはあと	千代田区飯田橋3-4-6 新都心ビル7階	※実際の支援は公益社団法人家庭問題情報センターの支援員が行う	電話：03-6272-8720 問合せフォーム：http://www.haat.or.jp/category/197041.html	http://www.haat.or.jp
	東京都ひとり親家庭支援センターはあと多摩	立川市曙町2-8-30 立川わかぐさビル4階	※実際の支援は公益社団法人家庭問題情報センターの支援員が行う	電話：042-506-1182 メール：tama@haat.or.jp	http://www.haat.or.jp/category/197041.html

〔巻末資料②〕親子交流支援団体等（面会交流支援団体等）の一覧表

	団体名	所在地	支援者	連絡先	URL
東京都	特定非営利活動法人東京面会交流支援センター	新宿区岩戸町12番地レベッカビル3F	家事調停委員、心理カウンセラー、産業カウンセラー、司法書士等	電話：03-6280-8575	http://aoitori.bitter.jp/
	にじいろ法律事務所・にじいろ面会交流支援	千代田区内幸町1-3-1 幸ビルディング9階108	弁護士、臨床心理士、公認心理師、精神保健福祉士	問合せフォーム：https://www.nijiirolaw.com/%E9%9D%A2%E4%BC%9A%E4%BA%A4%E6%B5%81%E6%94%AF%E6%8F%B4/%E9%9D%A2%E4%BC%9A%E4%BA%A4%E6%B5%81%E6%94%AF%E6%8F%B4%E7%94%B3%E8%BE%BC/	https://www.nijiirolaw.com
	特定非営利活動法人保育支援センター	千代田区西神田2-3-4パレスビアビル3階	保育士、学童指導員等	電話：03-3261-0421 問合せフォーム：http://hoikusupport.com/contact/ 問合せフォーム：http://menkai-koryu.com/contact	http://hoikusupport.com/
	NPOまめの木	墨田区立川2-11-2	元家事調停委員、学校の課外行事支援者等	電話：03-5878-0202 電話：080-5438-4848	http://npo-mamenoki.jp/
	特定非営利活動法人Libra	東京都豊島区南大塚	保育士、セラピスト、カウンセラー、児童発達支援員	電話：070-3195-6378	https://www.libra-japan.net
	一般社団法人りむすび	渋谷区神宮前6-23-4 菱野ビル2階	日本家族問題相談連盟認定カウンセラー、産業カウンセラー、メンタル心理カウンセラー	メール：rimusubi@gmail.com 問合せフォーム：https://www.rimusubi.com/inquiry	http://www.rimusubi.com
神奈川県	公益社団法人家庭問題情報センター横浜ファミリー相談室	横浜市中区吉浜町1番地9エトアール吉浜405号	元家裁調査官、元家事調停委員等	電話：045-226-3656	http://fpicyokohama.web.fc2.com/index.html

204

都道府県	名称	所在地	支援関係者の資格・経歴の例	連絡先	ホームページアドレス
神奈川県	一般社団法人びじっと・離婚と子ども問題支援センター	横浜市中区尾上町6-86-1 関内マークビル5F	僧侶、行政書士、社会福祉士等	電話：045-263-6565 メール：visit.contactjapan@gmail.com	https://www.npo-visit.net/index.php
	面会交流アプリraeru／ラエル	横浜市西区浅間町1丁目4番3号 ウィザードビル402	顧問弁護士あり	問合せフォーム：https://raeru.jp/contact	https://raeru.jp/
	株式会社Bonheur・BonheurShip	横浜市中区花咲町3-95-3-701	保育士、カウンセラー等	電話：050-3634-0829 メール：info@la-bonheur.co.jp 問合せフォーム：https://docs.google.com/forms/d/e/1FAIpQLSez7XcSxSDsa4nxQkse8zCelwBTvKjsTarej9XO1wyMSUua2w/viewform	https://la-bonheur.co.jp/ship/

【中部地方】

都道府県	名称	所在地	支援関係者の資格・経歴の例	連絡先	ホームページアドレス
新潟県	公益社団法人家庭問題情報センター新潟ファミリー相談室	新潟市中央区東中通2番町280番地 グローイースト3階	元家裁調査官、元家事調停委員等	電話：080-3328-9514 電話：080-4516-9512 電話：080-3193-9513	https://fpic-niigata.net／
長野県	特定非営利活動法人子ども・家庭支援センターHUG	長野市大字柳原1904	顧問弁護士あり	（相談会）電話：080-4065-5258 メール：aimama9393@yahoo.co.jp（事務局）電話：090-1829-7600 メール：fairisle0121.k@gmail.com 問合せフォーム：https://apvisitation.wixsite.com/home/blank	https://apvisitation.wixsite.com/home/blank
	共に咲く花の会	長野県岡谷市山手町2丁目18-20	公認心理師、保育士、家族心理士補、産業カウンセラー、社会福祉士、児童厚生二級指導員	電話：0266-55-4600 メール：tomonisakuhana@gmail.com	https://tomonisakuhana.wixsite.com/home

205

〔巻末資料②〕親子交流支援団体等（面会交流支援団体等）の一覧表

都道府県	名称	所在地	支援関係者の資格・経歴の例	連絡先	ホームページアドレス
愛知県	特定非営利活動法人あったかハウス	名古屋市昭和区緑町二丁目1番1号 ジョイフル荒畑Ⅱ102号	元家裁調査官、家事調停委員	電話・ＦＡＸ：052-732-0511 メール：attakahouse@outlook.jp	http://www.attakahouse.jp
	公益社団法人家庭問題情報センター名古屋ファミリー相談室	名古屋市千種区内山三丁目28番6号 マンション森4階Ｄ号室	元家裁調査官、元家事調停委員等	電話：052-753-4340	http://www.fpic-nagoya.com
	一般社団法人Families Change	名古屋市西区新道一丁目1番1号 ＳＳ23ビル6Ａ	司法書士、公認会計士、委員、保育士、小中学校教諭、幼稚園教諭、社会福祉士、夫婦問題相談員、心理カウンセラー等	電話：090-0918-5844 メール：menkai@famichan.org 問合せフォーム：https://famichan.org/contact/	https://famichan.org

【近畿地方】

都道府県	名称	所在地	支援関係者の資格・経歴の例	連絡先	ホームページアドレス
滋賀県	面会交流支援OMI-VISITS	長浜STUDIO：長浜市乗倉284番地 大津事務所：大津市朝日ヶ丘1-14-2	弁護士、臨床心理士、医師、社会福祉士、教育学部卒業者、通訳（英・独・仏・スペイン・中国語）等	電話：0749-50-5292 電話：080-2226-1423 メール：visitsassist@gmail.com	http://www.eonet.ne.jp/~omivisits
	一般社団法人かずきよ研究所	本店：大津市南志賀2丁目4-8 コーポマンション201 営業所：大津市皇子が丘3丁目9-10 中島マンション102	行政書士、元警察官	本店：077-509-8482 営業所：077-599-4970	https://kazukiyo.site/?page_id=291 https://kazukiyo.site/

都道府県	名称	所在地	支援関係者の資格・経歴の例	連絡先	ホームページアドレス
京都府	特定非営利活動法人京都面会交流ひろば	京都市伏見区	家事調停委員、家裁参与員、元裁判官、弁護士、	電話：080-5788-7682	https://www.kyoto-menkai.com
	一般社団法人 面会交流支援センター面会ネット	京都市山科区日ノ岡堤谷町18-2		問合せフォーム：https://www.menkainet.com/contact/ 公式LINE：https://www.menkainet.com/line/ ＠urj7354y	https://www.menkainet.com
大阪府	公益社団法人家庭問題情報センター大阪ファミリー相談室	大阪市中央区内本町一丁目2番8号 TSKビル9階903号室	元家裁調査官、元家事調停委員等	電話：06-6943-6783	http://www2.gol.com/users/jp060721857z/index.htm
	特定非営利活動法人ハッピーシェアリング	大阪市福島区福島2-9-11-3 F	弁護士、行政書士、臨床心理士、社会福祉士、社会保険労務士、産業カウンセラー	電話：06-6442-3122 FAX：06-6442-3136 メール：info@happysharing.net	https://happysharing.net/
兵庫県	ベルフラワーKOBE	神戸市中央区楠町3-3-11 エススビル 神戸大倉山1階	弁護士・幼稚園教諭・保育士等	電話：078-335-6271 メール：bellflower.kobe@gmail.com	http://www.bellflower-kobe.com

【中国地方】

都道府県	名称	所在地	支援関係者の資格・経歴の例	連絡先	ホームページアドレス
島根県	公益社団法人家庭問題情報センター松江ファミリー相談室	松江市西川津町787-38 山陰心理研究所内	元家裁調査官、元家事調停委員等	電話：080-8238-0752	https://marican2010.wixsite.com/fpicma
岡山県	特定非営利活動法人岡山家族支援センターみらい	岡山市北区		電話：070-5678-0226 FAX：050-3153-0704 メール：info@oks-mirai.jp	http://oks-mirai.jp

207

〔巻末資料②〕親子交流支援団体等（面会交流支援団体等）の一覧表

都道府県	名称	所在地	支援関係者の資格・経歴の例	連絡先	ホームページアドレス
岡山県	特定非営利活動法人子ども家族生活サポートセンターいとでんわ	倉敷市鶴形一丁目2番15号鶴形ビル206号室	臨床心理士、管理栄養士、司法書士、元母子生活支援施設長、弁護士	電話：090-1187-5092　メール：kodomokazokuitodenwa@gmail.com　問合せフォーム：https://forms.gle/KgKhqlcfogsSpCRgC8	https://k-itodenwa.amebaownd.com/
広島県	公益社団法人家庭問題情報センター広島ファミリー相談室	広島市中区大手町1丁目5番3号 広島県民文化センター6階	元家裁調査官、元家事調停委員等	電話：082-246-7520	https://www.fpichiroshima.com/
広島県	特定非営利活動法人こどもステーション	福山市神辺町道上2862-1	保育サポーター養成講座受講者	電話：084-965-6625　メール：info@kodomostation.or.jp	http://kodomostation.or.jp/
山口県	弁護士法人牛見総合法律事務所	山口市中央5丁目2-34 セントラルビル5階	臨床心理士、公認心理師、保育士、弁護士等	電話：083-921-6377　メール：menkai@ushimi-law.jp	https://yamaguchi-rikonsoudan.com/visitation

【四国地方】

都道府県	名称	所在地	支援関係者の資格・経歴の例	連絡先	ホームページアドレス
香川県	特定非営利活動法人面会交流支援センター香川	高松市木太町3416-2	元家裁調査官、元家事調停委員等	電話：090-1006-1190	http://menkai-kagawa.com/
愛媛県	公益社団法人家庭問題情報センター松山ファミリー相談室	松山市立花3丁目8-28-307	元家裁調査官、元家事調停委員等	電話：090-5714-2096	http://fpicmatsuyama.grupo.jp/

208

【九州地方】

都道府県	名称	所在地	支援関係者の資格・経歴の例	連絡先	ホームページアドレス
福岡県	特定非営利活動法人北九州おやこふれあい支援センター	北九州市小倉北区堅町1丁目2-30三原第2ビル3階	家事調停委員、民事調停委員、弁護士、医師、元司法事務所職員	電話：093-383-7714 メール：npo-kohure@crest.ocn.ne.jp	http://kofure.web.fc2.com
	面会交流支援団体ハレル	福岡市博多区博多駅前3-26-14 第2宮島ビル3階		電話：092-482-6400 メール：harellu@data-search.co.jp	https://harellu.com
佐賀県	ペアレンティングハウス（運営：TIPS HOSTEL)	三養基郡基山町宮浦163-12（本部）	支援関係者に対し、内部規定の認定研修を実施	問合せフォーム：https://www.parentinghouse.net/contact_us/	https://www.parentinghouse.net
長崎県	長崎県ひとり親家庭等自立促進支援センター（YELLながさき）	長崎市川口町13-1 長崎西洋館M2F		電話：095-813-0800 メール：yell@nagasakishi-boshikai.jp	https://www.yell-nagasaki.jp
	一般社団法人ひとり親家庭福祉会ながさき ※YELLながさきの運営団体	長崎市上町1番33号 長崎市社会福祉会館3階		電話：095-828-1470 メール：info@nagasakishi-boshikai.jp	https://www.nagasakishi-boshikai.jp
大分県	特定非営利活動法人子どもネット大分	大分県別府市	教員、学校支援員	電話：080-5208-8797 メール：kojika.net.oita@gmail.com	https://kojika.wixsite.com/kojikanet
鹿児島県	親子面会交流支援施設AELねっと	鹿児島市西田1丁目5番1号 鹿児島高見ビル8階	臨床心理士（予定）、保育士、弁護士	電話：099-813-0090（又は099-813-0081） メール：staff@kagoshima-law.com	http://kagoshima-menkaikouryu.net
沖縄県	一般社団法人沖縄共同養育支援センターわらび	南城市	公認心理師、臨床心理士、保育士、救急救命士	電話：080-6494-1419 メール：oyako.issho@gmail.com	https://oyakoissho.wixsite.com/youiku

【著者略歴】
生井澤　葵（なまいざわ　あおい）
弁護士（63期、埼玉弁護士会）・中央大学法科大学院兼任教員
千葉県出身
東京学芸大学教育学部附属高等学校卒業
早稲田大学法学部卒業
中央大学法科大学院修了

✂主な著作
「面会交流調停等における手続代理人の役割と課題―台湾の制度との比較から―（上・下）」中央ロー・ジャーナル第21巻第1号・2号

✂ブログ
弁護女子。～越谷の女性弁護士の日々～
https://blog.goo.ne.jp/bengojoshi

どうなる共同親権!?　どうする面会交流!?
～Q＆Aでわかる面会交流入門～

2025年3月27日　初版第1刷発行

著　　者　　生井澤　　　葵

発行者　　市　倉　　　泰

発行所　　株式会社　恒春閣

〒114-0001　東京都北区東十条6-6-18
tel. 03-6903-8563・fax. 03-6903-8613
https://www.koshunkaku.jp

ISBN978-4-910899-20-6　　印刷・製本／株式会社平河工業社
定価はカバーに表示してあります。

〈検印省略〉
Koshunkaku Co., Ltd.
Printed in Japan

本書のコピー、スキャン、デジタル化等の無断複製は著作権法上での例外を除き禁じられています。本書を代行業者等の第三者に依頼してスキャンやデジタル化することはたとえ個人や家庭内での利用であっても著作権法上認められておりません。